综合运输通道规划理论方法的创新与实践

陈 璟 孙 鹏 李 可
崔 愿 戴晓晴 靳廉洁 著

人民交通出版社股份有限公司
北 京

内 容 提 要

本书共分为6章。本书积极探索综合运输通道规划理论和方法创新,对通道属性、类型和形成发展机理,通道评价技术,基于大数据的通道需求分析预测方法,通道布局方法,通道线路配置技术方法,以及通道发展模式等方面的典型成果进行了梳理分析,并结合广深港通道规划研究等典型案例,从理论方法层面对综合运输通道规划进行提炼总结。

本书可供交通运输从业人员等学习参考使用。

图书在版编目(CIP)数据

综合运输通道规划理论方法的创新与实践／陈璟等著. — 北京：人民交通出版社股份有限公司,2024.1
ISBN 978-7-114-19252-4

Ⅰ.①综… Ⅱ.①陈… Ⅲ.①交通运输规划 Ⅳ.①F502

中国国家版本馆 CIP 数据核字(2024)第 021156 号

Zonghe Yunshu Tongdao Guihua Lilun Fangfa de Chuangxin yu Shijian

书　　名：	综合运输通道规划理论方法的创新与实践
著 作 者：	陈　璟　孙　鹏　李　可　崔　愿　戴晓晴　靳廉洁
责任编辑：	周　宇　周佳楠　牛家鸣
责任校对：	赵媛媛
责任印制：	刘高彤
出版发行：	人民交通出版社股份有限公司
地　　址：	(100011)北京市朝阳区安定门外外馆斜街 3 号
网　　址：	http://www.ccpcl.com.cn
销售电话：	(010)59757973
总 经 销：	人民交通出版社股份有限公司发行部
经　　销：	各地新华书店
印　　刷：	北京交通印务有限公司
开　　本：	787×1092　1/16
印　　张：	9.5
字　　数：	231 千
版　　次：	2024 年 1 月　第 1 版
印　　次：	2024 年 1 月　第 1 次印刷
书　　号：	ISBN 978-7-114-19252-4
定　　价：	90.00 元

(有印刷、装订质量问题的图书,由本公司负责调换)

作者简介
AUTHOR INTRODUCTION

陈璟,女,48岁,交通运输部规划研究院首席研究员、技术委员会副主任、正高级工程师,交通运输行业中青年科技创新领军人才,全国三八红旗手,全国巾帼建功标兵。长期从事综合交通运输规划研究工作,参与《交通强国建设纲要》《国家综合立体交通网规划纲要》等重大研究项目,带领团队开展综合交通运输规划理论方法攻关,在综合立体交通网、综合运输通道、城市群交通运输规划技术方法方面取得一系列创新性成果。承担国家交通运输五年规划、国家综合运输大通道布局、区域综合立体交通网规划、提高综合交通运输网络效率、交通运输供给侧结构性改革、交通运输服务构建新发展格局等交通运输部规划研究课题。承担广东、湖北等多个省市、城市群的交通规划研究课题。发表2部专著及40余篇文章,其中核心期刊发表论文30余篇。获得全国优秀工程咨询成果奖、中国公路学会科学技术奖、中国航海学会科学技术奖、北京市科学技术奖、中国城市规划协会等27项科技成果奖,其中一等奖11项。

本书编写组

主　　编：陈　璟　孙　鹏　李　可　崔　愿　戴晓晴　靳廉洁

参编人员：金敬东　李　静　公　平　朱信山　熊晓冬　谢　典

　　　　　游锦龙　胡迎鹏　江　丹　金　祎　马晓茜　梁鸣璋

　　　　　刘展铄　白珂炎　刘钟锴　王明智　陈　琨　刘　哲

　　　　　朱亚辉　孔文涛　马晓平

前言
FOREWORD

综合运输通道是综合交通运输体系的主骨架,其旅客出行和物流服务需求最为密集、交通运输资源配置最为集中、新型交通运输方式和组织模式创新最为频繁、各方式之间以及交通与沿线产业城市融合发展最为关键。自20世纪50年代,交通工程、地理学、城市规划学等领域的国内外专家学者就开始研究综合运输通道的定义、特征和发展演化机理,但侧重点各有不同。交通工程领域更多关注通道内设施组成和客货流特征,认为综合运输通道是由多种运输方式组成的交通运输系统,而地理学、城市规划学领域则更多研究通道与沿线地区经济社会的关系,提出交通经济带、交通走廊等概念,而且不强调通道是由多种运输方式还是单一运输方式组成。

综合运输通道规划是政府推进综合交通运输体系建设的重要抓手,在满足运输需求的同时,实现通道线路的分工协作、集约布局、整体效率最优。一般包括综合运输通道布局规划和综合运输通道线路配置规划,前者是确定多条通道的功能定位、空间布局、总体构成,后者是单条通道规划,确定通道内部多种方式线路配置方案。很多国家和地区开展了综合运输通道布局规划,如20世纪90年代以来,美国运输部开展了"国家通道规划和发展计划""国家通道基础设施改善计划"等综合运输通道项目规划,以及国家货运通道规划建设;欧盟制定实施了全欧交通运输网络规划;俄罗斯规划了统一骨干交通网,由各种运输方式的核心网共同构成统一核心网,形成多式联运的基础设施。20世纪80年代以来,我国提出建设不同运输方式组成的运输大通道,2007年国家发改委正式编制实施《综合交通网中长期发展规划》,建设"五纵五横"综合运输大通道和东北亚国际运输通道等国际区域运输通道,"十三五"期建设"十纵十横"综合运输大通道,交通强国战略出台后加快建设国家综合立体交通网主骨架。关于单条综合运输通道的规划建设，美国的规划体系较为完善，编制实施州际、州、地区及大都市区、地方等不同层级综合运输通道规划，涵盖公路、铁路等多种运输方式的基础设施，聚焦旅客、货物联程联运，制定线路方案。我国较早开展了单条运输通道的规划研究，但相关工作并不系统且主要停留在国家层面，如20世纪80年代研究长江综合运输通道以及铁水联运的能源运输通道，20世纪90年代研究亚欧大陆桥通道，直至2019年国家发改委印发《西部陆海新通道总体规划》；省市层面很少开展单条综合运输通道规划编制工作。

在长期开展综合运输通道规划实践工作中，相关理论和方法也得到不断发展和创新。综合运输通道布局规划的基本思路和技术框架已经形成，但一些具体的技术方法和基础性理论问题仍有待研究，例如综合运输通道评价技术方法、通道客货流生成机理及其演化规律，既有研究更多以实践经验总结为主，理论探讨和定量化研究成果较少。相较而言，综合运输通道线路优化配置研究的空间尺度更小，与沿线产业、城市关联更为紧密，通道内多方式线路间竞争合作关系对通道功能的影响更为直接，但相关规划工作开展远不如布局规划丰富和普遍，规划研究工作较为薄弱，在通道功能画像、需求预测，以及体现生态保护等要求的综合评价技术方法等方面，都亟待探索。

加快建设交通强国对综合运输通道的布局和发展作出了明确部署，要求建设"6轴7廊8通道"国家综合立体交通网主骨架，统筹综合运输通道规划建设，节约集约利用通道线位资源，促进交通通道由单一向综合、由平面向立体发展。2022年交通运输部印发《加快建设国家综合立体交通网主骨架的意见》，从完善网络布局、加快主轴建设、加强走廊建设、推进通道建设、提升枢纽能级、完善多式联运、提升管养效能、加快智慧升级、推进绿色转型、提升安全水平10个方面提出了加快建设主骨架的重点任务，并就加强建设协同、注重资源统筹、抓实前期工作、合理选用标准、加强技术攻关、完善技术规范6方面提出要求。总体来看，以加快建设交通强国为总目标，以加快建设国家综合立体交通网主骨架为重点，我国综合运输通道已经步入高质量发展的新阶段，将进一步提高集约化运输方式的分担率、提高功能复合化资源的利用率、提高通道内部各方式径路的协同率，增强综合运输通道服务效能。尤其是在京津冀、长三角、粤港澳大湾区、成渝等城市群都市圈地区，综合运输通道建设项目最为集中,节约集约利用资源、提高通道发展质量和效益的任务也最为艰巨。在国家综合立体交通网加速形成、国土空间规划改革深入推进、新一代信息技术广泛应用、新型交通方式创新突破的大背景下,城市群都市圈地区综合运输通道与城市、产业、国土空间耦合关系越来越密切,通道的内涵、外延、形成机理和影响因素都在发生新的变化,重新审视、认识事关综合运输通道发展的基本问题,不断推动综合运输通道规划理论和方法创新,显得尤为必要和迫切。

  作者所在的交通运输部规划研究院在综合运输通道规划研究方面积累了丰富的实践经验,相继完成国家综合运输大通道"十纵十横"方案、国家综合立体交通网主骨架方案、西部陆海新通道综合交通运输体系建设方案的研究论证工作,开展了京津冀、长三角、粤港澳大湾区、成渝等区域和广东、湖北、福建、安徽、黑龙江等多个省份的综合运输通道布局规划方案研究,以及重庆、武汉、杭州、郑州、深圳、青岛等城市综合运输通道研究。在此过程中,积极探索综合运输通道规划理论和方法创新,在通道属性、类型和形成发展机理,通道评价技术,基于大数据的通道需求分析预测方法,通道布局方法,通道线路配置技术方法,以及通道发展模式等方面,形成较为丰硕的成果。本书力求基于对其中一些典型成果的梳理分析,从理论方法层面进行提炼总结,希冀形成一些规律性、普遍性的认识,为开展同类规划研究工作提供参考,为推动综合运输通道高质量发展添砖加瓦。

  本书所采用的典型案例广深港通道规划研究,是广东省交通运输厅委托开展的研究课题,由交通运输部规划研究院联合广东省交通规划研究中心、广东省城乡规划设计研究院共同承担,东南大学交通学院、阿里云计算有限公司等也给予了大力支持,在此一并致以诚挚谢意。

陈　璟
2023 年 8 月

目录
CONTENTS

第一章　综合运输通道规划理论与实践概述　　1
第一节　综合运输通道的特征和类型　　1
第二节　综合运输通道规划理论方法探索　　5
第三节　国外综合运输通道规划情况　　7
第四节　我国综合运输通道规划发展实践　　19
本章参考文献　　22

第二章　综合运输通道形成发展机理　　24
第一节　综合运输通道与沿线地区互动关系　　25
第二节　综合运输通道与沿线经济社会发展的互动机理　　29
第三节　综合运输通道内线路节点间作用机理　　32
第四节　综合运输通道内不同运输方式间作用机理　　35
第五节　综合运输通道发展新趋势新特征　　38
本章参考文献　　44

第三章　综合运输通道功能评价与系统配置　　46
第一节　综合运输通道功能评价框架　　46
第二节　综合运输通道系统配置方法　　54
第三节　不同类型综合运输通道功能评价与系统配置　　60
本章参考文献　　67

第四章　综合运输通道发展模式创新　69

- 第一节　经济社会发展新形势对综合运输通道的影响 ⋯⋯⋯⋯⋯⋯ 69
- 第二节　新技术发展对综合运输通道的影响 ⋯⋯⋯⋯⋯⋯⋯⋯⋯ 72
- 第三节　国土空间治理变革对综合运输通道规划的影响 ⋯⋯⋯⋯⋯ 74
- 第四节　综合运输通道发展模式创新 ⋯⋯⋯⋯⋯⋯⋯⋯⋯⋯⋯⋯ 77

第五章　城市群综合运输通道规划方法创新　81

- 第一节　国内外城市群综合运输通道特征比较与借鉴 ⋯⋯⋯⋯⋯⋯ 81
- 第二节　城市群综合运输通道线路配置研究进展 ⋯⋯⋯⋯⋯⋯⋯⋯ 89
- 第三节　基于交通产业城市融合的城市群综合运输通道规划框架 ⋯⋯ 92
- 第四节　城市群综合运输通道的边界识别方法 ⋯⋯⋯⋯⋯⋯⋯⋯⋯ 96
- 第五节　城市群综合运输通道需求分析预测方法 ⋯⋯⋯⋯⋯⋯⋯ 101
- 第六节　城市群综合运输通道线路配置方法 ⋯⋯⋯⋯⋯⋯⋯⋯⋯ 105
- 本章参考文献 ⋯⋯⋯⋯⋯⋯⋯⋯⋯⋯⋯⋯⋯⋯⋯⋯⋯⋯⋯⋯⋯ 106

第六章　广深港通道规划实践探索　109

- 第一节　广深港通道现状功能特征画像 ⋯⋯⋯⋯⋯⋯⋯⋯⋯⋯⋯ 109
- 第二节　广深港通道与经济社会及国土空间耦合关系 ⋯⋯⋯⋯⋯ 123
- 第三节　广深港通道运输需求预测 ⋯⋯⋯⋯⋯⋯⋯⋯⋯⋯⋯⋯⋯ 124
- 第四节　广深港通道规划目标 ⋯⋯⋯⋯⋯⋯⋯⋯⋯⋯⋯⋯⋯⋯⋯ 129
- 第五节　广深港通道规划方案评价及优化 ⋯⋯⋯⋯⋯⋯⋯⋯⋯⋯ 132

第一章

综合运输通道规划理论与实践概述

国内外学者对综合运输通道的定义、特征、机理等开展了大量研究工作,试图从不同学科、维度回答这些基本问题,有必要就此进行系统梳理总结,形成较为一致的认识,作为综合运输通道规划需要遵循的基本理论。同时,各国政府层面也开展了多种类型的综合运输通道规划实践工作,规划体系、规划重点和技术方法等日渐明晰,为探讨综合运输通道规划理论方法提供了良好基础。

第一节 综合运输通道的特征和类型

一、主要特征

1. 综合运输通道的概念

相比综合运输通道,通道、运输通道、交通走廊的概念提出更早、在学术界讨论也更为广泛。通道概念多为地理学、城市规划学界提及,一般认为是集聚大量运输需求和线性交通设施的地理区域,Whebell 从城市角度出发,提出"通道是通过交通介质联系城市区域的一种线性系统";Smith 指出,通道是指一个适合或潜在适合运输的地理区域,通常情况下,被认为是"运输廊道区域",在此区域内往往以线性形式集聚了大量客货需求,连接干线与支线,主要承载长距离的运输。运输通道概念在交通运输工程学领域较多使用,一般指承担两地之间客货流交通线路的集合,美国交通工程专家 William W. Hay 认为运输通道是"在湖、河流、溪谷、山脉等自然资源分布、社会经济活动模式、政治等因素的影响下而形成的客货流密集地带,通常由多种运输方式提供服务";张国伍认为"某两地之间具有已经达到一定规模的双向或单向交通流,为了承担此强大交通流而建设的交通运输线路的集合,称之为交通运输通道"。交通走廊概念则在地理学、城市规划学界较多使用,一般是指由交通干线和交通枢纽共同组成的廊道状地域空间系统。曹小曙、阎小培认为,交通运输走廊是由巨大的综合交通枢纽和多条基本平行的高效率交通干线组成,承担所有空间相互作用的廊道状地域空间系统。

相较而言,综合运输通道概念强调通道范围内多种运输方式间的分工协作、整体效率最优。我国最早提出综合运输通道的政府文件是2007年国务院批准的《综合交通网中长期发展规划》,提出"综合运输大通道是由两种或两种以上运输方式线路组成,承担我国主要客货运输任务的运输走廊,构成综合交通网的主骨架,是国家的运输大动脉。"该表述阐明了国家级综合运输通道的基本功能,2017年国务院印发的《"十三五"现代综合交通运输体系发展规划》中继续沿用此界定。2019年中共中央、国务院印发的《国家综合立体交通网规划纲要》,则采用了国家综合立体交通网主骨架的表述,提出"国家综合立体交通网主骨架由国家综合立体交通网中最为关键的线网构成,是我国区域间、城市群间、省际以及连通国际运输的主动脉,是支撑国土空间开发保护的主轴线,也是各种运输方式资源配置效率最高、运输强度最大的骨干网络"。在功能方面,国家综合立体交通网主骨架与国家级综合运输通道是一致的。美国的通道规划、欧盟的全欧交通运输网络(Trans-European Transport Networks,TEN-T)规划、俄罗斯的统一骨架网规划,虽然没有全部采用综合运输通道的表述,但都涵盖了两种以上运输方式线路,追求更加集约的多方式布局、更加绿色的运输结构。学术界关于综合运输通道的研究,伴随着政府开展相关规划工作进行,如张迦南等对综合运输通道的概念、结构及分类进行了归纳和阐述,区分了运输通道和综合运输通道。

基于国内外综合运输通道发展实践和相关研究成果,可从主要功能、基本组成、概念本源出发,给予综合运输通道一般性的定义,即:综合运输通道是综合交通运输体系的主骨架,是由承担相同起讫点之间客货流、两种以上运输方式线路组成的交通运输系统,系统内线路在满足运输需求的同时,实现分工协作、集约布局、整体效率最优。

2. 综合运输通道的特征

国内外关于综合运输通道特征的描述通常是依托实证研究展开。欧洲议会及理事会于1996年正式提出了全欧交通运输网络的建设规划纲领,旨在形成一体化及多式联运的长途、高速运输网络,欧盟委员会于2013年提出了新一轮的全欧交通运输网络规划及配套政策措施。21世纪初,随着货运业的快速发展,美国运输部对货运基础设施及货运系统的建设重视程度日益提高,着力发展货运通道,构建包括运输组织、信息系统、管理机构等在内的一体化货运通道体系。北美自由贸易协定框架下,在北美各国一致协商的基础上,逐步构建南北向重要运输通道,包括北美洲大陆中部通道、东海岸通道等,既有公路为主的通道,也有公路、铁路、海运等多方式组成的综合运输通道。注重通道与沿线城市、产业之间的互动,也是国外综合运输通道发展的重要特征,如"走廊规划"项目,是在西北欧地区计划(North West European Area Operational Programme)框架下进行的跨国空间规划合作项目,针对7条大城市走廊,研究长距离高速交通与短距离低速交通之间的矛盾、多种交通方式的衔接、促进形成带动城市空间扩展的新增长点等问题。

国内也开展了综合运输通道特征的研究工作,张国伍描述综合运输通道,认为是在某一地域内,连接主要交通发源地,有共同流向,有几种运输方式可供选择的宽阔地带,是客货密集带,也是运输的骨干线路。这一描述突出了综合运输通道的多方式、带状、客货密集等组成、空间形态和功能方面的特征。黄承锋提出综合运输通道的结构层次复杂化、运输能力大型化、路径趋于直线化、运行管理一体化等发展趋势,并以成渝等多条通道为例进行分析。李伟、孙鹏等结合交通运输部自 2014 年开始推进的"物流大通道建设""综合运输大通道布局"等系列研究工作,提出以"运输集中"作为综合运输通道的重要识别特征,发现我国干线运输线路大都具有 3/7 规律,即 30% 的线网规模承担了 70% 的运输周转量或公路交通量(车公里)。吴颖按照空间层次和经过范围,将综合运输通道分为广域综合运输通道、区域综合运输通道、城市对外运输通道三类,提出区域综合运输通道运输量大,运输成本和运输时间上具有较大优势,承担了区域城际间主要的客货运输需求;区域综合运输通道是个动态系统,运行过程中受各要素变化影响而发生改变。

总体来看,国内外学者对综合运输通道的特征理解有着相似之处,主要包括:通道是指一个地理区域,一般呈线性,通道内的运输线路平行分布;通道内往往客货流较为密集;通道连接了多个重要客货流生成区域,即城市节点或经济区或交通枢纽节点;通道内一般包括多种运输方式的多条线路。综合国内外文献,可以认为,综合运输通道具有以下六个方面特征:

一是功能强度的客货流集聚特征。综合运输通道作为综合交通运输体系的主骨架,线路集中且覆盖经济社会重要节点,客货流集中,客货运密度往往高出综合交通网络密度数倍。

二是空间形态的线性集合特征。综合运输通道内的两种以上运输方式多条线路,具有空间线性一致性特点,起讫点、连通覆盖节点和走向基本一致。

三是空间布局与沿线国土空间开发格局一致性特征。综合运输通道作为交通设施的集中带,一般覆盖经济社会和交通运输重要节点,与城镇体系和国土空间开发格局耦合关系良好,空间布局往往与经济社会和国土空间开发格局高度一致。

四是运行管理的一体化特征。综合运输通道的高效运行管理,需要依托交通线路、运输装备、运输组织、信息系统、管理机构等多个要素,多种运输方式之间实现货物多式联运、旅客联程运输等一体化运营,由于通道往往跨省、跨市,还需要不同行政区之间协同配合。

五是内外部系统的多维度耦合关系复杂性特征。综合运输通道内部方式径路复杂,各运输方式、径路间竞合关系复杂;通道内点、线设施之间,点、线设施与城镇、产业、国土空间之间互动关系复杂;不同技术装备和经济社会环境下,综合运输通道发展的要求与特征也呈现出较大差异。

六是形成演化的动态性特征。影响综合运输通道的因素多而复杂,内部影响因素有运输通道的供给与需求、运量、方式间竞争互补、线路间竞争互补;外部影响因素有社会经济发展水平、科技进步、政府政策、环境和生态问题等。当这些因素发展变化时,综合运输通道的构成、功能、形态等也在不断演化。

二、类型和空间范围

1. 综合运输通道的类型

按照起讫点的层级,划分为国际(跨国家)、国家(跨省)、省级(跨市)、市级(市内跨城区或组团)等 4 类。如欧盟制定的全欧交通运输网络规划,构建核心网络(Core Network),主要服务于各国之间联系及欧盟对外运输,属于国际通道;美国 20 世纪 90 年代到 21 世纪初期,在"冰茶法案"(Intermodal Surface Transportation Efficiency Act,缩写为 ISTEA)到"露茶法案"(Safe Accountable Flexible Efficient Transportation Equity Act:A Legacy for Users,缩写为 SAFETEA-LU)的框架下,美国运输部相继开展了《国家通道规划和发展计划》《国家通道基础设施改善计划》等综合运输通道项目建设,以州际公路项目为主,也包括与之平行或衔接的部分铁路项目和多式联运场站项目,属于国家通道;日本非常重视以轨道为核心的城市群通道规划建设,东海道通道(也称为太平洋带)属于国家通道,集聚东京都市圈的 3500 万人、名古屋的 800 万人以及大阪的 1700 万人,此外还包括一些人口超过 100 万的城市,由港口、机场、高速公路、高速铁路网(新干线)等基础设施组成。我国推进建设的新亚欧大陆桥通道属于国际通道,《国家综合立体交通网规划纲要》确定的"6 轴 7 廊 8 通道"属于国家通道。《黑龙江省综合立体交通网规划纲要》确定的"5 纵 2 横 1 边"通道属于省级通道。城市群综合运输通道一般属于省级通道,受城市群空间范围大小和城际经济社会联系紧密程度的影响,部分区段具有较强的市级通道特征,例如广东的穗莞深通道、浙江的杭甬通道;部分跨省的城市群通道,如长三角地区的沪宁、沪杭通道,也是国家通道的重要组成。成都等城市建设的串联主要城市组团的交通线路,则属于市级通道。部分省级通道和市级通道,线路组成中包含了上一级通道的线路,存在不同层级功能的叠合,例如沪杭通道也是长三角—粤港澳主轴的组成部分。

按照集聚客货流的主要类型,分为客运通道、货运通道、客货兼顾通道,其中货运通道又可细分为集装箱、煤炭、矿石、油品、粮食等重点物资运输通道。一般来说,通道都是客货兼顾的,只是客运或者货运功能更为突出。例如,京津通道、沪杭通道的客运功能较为突出,西部陆海新通道则定位于集装箱多式联运为重点的物流大通道。

2. 综合运输通道的空间范围

综合运输通道的起讫点,可以是城市群、城市或者枢纽场站,两点之间的交通线路距离是通道的长度,相距最远的两条平行线路之间的空间距离是通道的宽度,以线路出入口、枢纽场站为中心的交通时空圈,则构成综合运输通道的影响区域。综合运输通道的空间尺度越大,其交通功能越显著,宜视其为交通运输系统;空间尺度越小,与沿线人口、产业联系更为紧密,宜视其为带状复合系统(或带状空间)。

关于综合运输通道的空间范围,国内外尚无统一公认的界定方法。1992 年提出的欧洲共同体公路网络走廊的度量方法,是以沿公路线路 40 公里作为走廊范围,到达时间不能超过 1 小时;周一星提出,划分交通走廊的方法是以中心城市为中心、50 公里为半径的圆形区域;官卫华、姚士谋则认为走廊的影响范围可以看作是走廊上各中心城市经济影响区域范围(1 小时都市圈)的叠加。邢尚青提出,高速公路和铁路沿线走廊的空间形态存在差异;由于交通与用地联系以及可达性的制约,铁路交通走廊的城镇形态比较紧凑,铁路与沿线用地的联系强度和可达性呈现以铁路站点为中心的圈层式向外衰减状态;高速公路与周边土地联系情况与铁路相似,但其可达性却要大大地超过铁路。李子木、刘晓庆认为应把城市交通走廊及其影响区一并作为城市的重点功能区。可以看出,在既有学术讨论中,存在两个研究对象,即通道空间范围和通道影响区域。交通运输工程领域关注通道自身的空间范围,地理学则更关注通道影响区域,这也是源于两个学科对通道概念的理解差异。在省级及市级空间尺度下,交通线路主要服务于沿线人口、产业、城市,使得综合运输通道更多呈现出以交通功能为主的带状空间形态,此时通道空间范围和影响区域实质是一致的。

既有研究在识别综合运输通道时,由于缺乏实际客货流数据,主要是利用城市节点客货运量对交通网络做运量分配,如吴颖尝试建立综合运输通道定量识别的理论模型,主要利用基础设施网络、城市生产总值和人口等数据,根据各城市的客货运量对区域交通运输网络做运量分配,基于均衡模型、蚁群算法,计算运输成本最低路径(即综合运输通道)。由于缺乏线路的实际客货流数据,在对照公路交通量或者铁路交通量(OD)等数据做一些典型线路验证后,会发现模型分配结果往往存在不小的失真,因此这类研究的价值更多还是集中在理论模型构建上。

总结比较我国多条综合运输通道,发现4类综合运输通道在空间范围方面存在显著的差异,见表1-1。

不同类型综合运输通道的空间范围　　　　　表1-1

类型	起讫点	长度	宽度	实例
国际	国家	数千公里	数百公里(多方向多路径)	中巴陆路国际运输通道
国家	省(区、市)	数百至上千公里	数十至上百公里	京津冀至长三角主轴
省级	城市	数百公里	数十公里	杭甬通道
市级	城区/组团	数十公里	十公里左右	深圳沿海通道

第二节　综合运输通道规划理论方法探索

一、规划内容

综合运输通道规划包括综合运输通道布局规划和综合运输通道内线路配置规划,前者是确定多条通道的功能定位、空间布局,后者是确定通道内部多种方式线路配置方案。研究综合运输通道布局和内部线路配置,对满足经济社会多样化需求,提高综合运输体系效率和服务水平,节约集约利用资源等都有着重要意义。

从具体内容看,综合运输通道规划包括现状评价、需求分析、功能定位、布局方案、系统优化配置,见图1-1。其中,现状评价包括通道规模能力、组成结构、效率效益,以及需求匹配、国土空间适宜性、生态环保等指标,构建相应的评价指标体系;需求分析包括通道客货流现状、需求预测,是描述通道特征和确定通道规划方案的重要依据;功能定位是确定通道在综合交通运输体系中的类型、发展目标和指标体系;布局方案是确定通道的数量、走向、串联的主要节点,具体功能、线路组成;系统优化配置是确定单条通道内的线路组成、线路走向、技术等级、建设时序等。

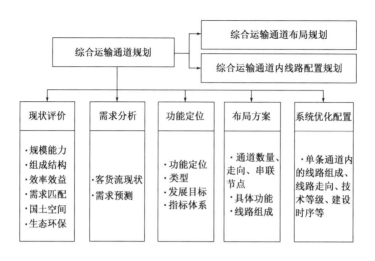

图 1-1　综合运输通道规划的基本内容

二、规划相关理论方法研究进展

综合运输通道规划的理论方法涉及交通运输规划、运输经济、经济地理和区域经济等多个领域,学术界注重运用数学方法对模型求解,但总体相对微观、系统性不强,与交通基础设施发展水平及实际规划的结合不够紧密。例如,Aljarad 和 Black 基于非集聚模型,研究沙特阿拉伯—巴林运输走廊内旅客出行方式选择;Zargari 和 Shahriar 以渥太华—卡勒顿运输走廊为例,对城市运输走廊内多种运输方式的整合优化进行研究,对走廊内旅客出行决策进行模拟;Petersen 构建 QROAD 模型,以预算为约束,为高速公路通道中路径数量及建设、改造的时序规划出一个最佳方案;Douma 和 Kriz 基于运输走廊发展中的治理、经济影响、融资、设计和居民偏好五大要素,开发了通道规划管理模型,并基于波士顿西南通道、丹佛交通扩建项目及圣地亚哥 I-15 通道三个案例分析了模型应用效果。国内张文尝等提出了交通经济带的基本理论、形成机理、空间与构成模式和类型,对交通经济带与区域经济协同发展、运输通道形成机理与实证进行了分析。张迦南、赵鹏从系统分析和定量优化的角度对当前通道规划方法进行比较和分析,重点评述了既有的定量优化模型。孟国连对运输通道规划方法和指标体系进行了一定改进,形成了关于区域性运输通道布局规划理论和技术方法体系。

综合运输通道布局规划方面的研究成果较多,技术方法体系已基本形成,美国、欧盟、日本、俄罗斯等对于综合运输通道布局规划开展了大量实践,我国也开展了多轮综合运输通道布局规划研究。但一些具体的技术方法和基础性理论问题仍有待研究,例如需求分析中同一通道方向上不同方式间客货流数据统一转换问题、通道客货流生成机理及其演化规律等。

相比而言,综合运输通道内线路配置规划是在综合运输通道布局规划方案确定后,实现各方式协调衔接的关键路径,是政府对通道内线路布置方案、建设时序、资金投向等作出决策的重要依据,也是目前通道规划研究工作较为薄弱、研究难度较大的领域,在方式分担等关键参数、评价指标体系等方面都需要开展研究。

目前综合运输通道内线路配置规划研究工作主要集中在三大方面。一是典型通道系统配置的实证研究,如美国州际公路沿线多模式运输通道,我国的京沪通道、成渝通道内线路配置等。二是综合运输通道线路配置的基础性理论方法,包括需求预测、评价指标、模型构建,北京交通大学、长安大学、西南交通大学等高校对此研究较多,但研究工作较为分散,实践支撑不足,没有形成完整的技术方法,尤其是在线路配置评价方面,尚无可直接用于规划实践工作的一般性技术方法。三是地理学、城市规划领域对通道发展与沿线经济产业互动机理研究,如曹小曙、阎小培将综合运输通道和所连接的综合运输枢纽作为一个整体考虑,Smith、Douma 和 Kriz 将综合运输通道从线性设施推广到廊带。

在通道线路配置技术方法方面,既有研究主要集中在通道内各运输方式能力的合理配置,其规划理论以交通工程学的四阶段法为基础,方式运量分配模型主要是 Logit 模型及其变种。以美国为例,有关机构曾对 87、97 号州际公路沿线的多模式运输通道进行研究,分析了通道内公路、铁路线路的区位条件及其客货流特点,提出通道管理方法和运输设施布局及投资方案;关注运输通道对居民出行行为和土地开发的影响,认为通道的修建使居民的日常生活出行次数增加,活动范围增大,周边土地增值的潜力加大。近几年,国外研究更多关注通道对生态环境的影响,主要集中在通道与环境的协调及如何减少对区域分割和污染等方面,以使通道具有更好的可持续发展性。

"十一五"以来,我国综合运输通道内线路配置规划研究工作逐步展开,以京沪通道、沪宁通道、杭甬通道、广深通道等典型通道为对象,在通道需求预测、运输方式分担、运输通道能力规模和线路组成、线路建设时序等方面形成了不少研究成果,主要以某条通道的个案研究居多,技术成果较为分散、不系统,特别是缺乏比较和归纳,尚未形成比较完善的评价指标体系和广泛应用的评价模型,尚未看到较为成熟的参数标定成果。

第三节 国外综合运输通道规划情况

一、美国综合运输通道规划

1. 综合运输通道规划管理

美国综合运输通道规划体系较为健全,包括州际(Multistate)、州(Statewide/intra state)、地区及大都市区(Regional,Metropolitan)、地方(Local)等不同层级。主要通道规划类型及典型特征见表1-2。部分州政府及下属交通运输局联合设立了负责建设、管理运输通道的专门机构,包括国内通道协调机构、国际通道协调机构等。美国《交通规划手册》中对通道规划内容也做出了较为清晰的界定。

美国主要通道规划类型及典型特征　　　　　表 1-2

通道规划类型	典型特征
州际 (Multistate)	· 主要为公路或铁路设施(新建或扩建) · 聚焦联程联运,包括货运业务 · 多个线性方案(新设施) · 详细的环境研究 · 可能复杂的机构协调过程
州 (Statewide /intra state)	· 主要为公路或铁路设施(新建或扩建) · 具有多方式选择条件(通勤铁路、城际铁路或城际巴士) · 多个线性方案(新设施) · 数英里长 · 有时是当地土地利用的组成部分 · 详细的环境研究
地区、大都市区 (Regional, Metropolitan)	· 主要为公路或公共交通 · 单方式或多方式 · 多个平行设施 · 数英里长 · 通常是土地利用/城市设计的组成部分 · 详细的环境研究
地方(Local)	· 通常关注单一方式设施(公路、公共交通、非机动车) · 长 2~3 英里(3~5 公里) · 通常是土地利用/城市设计的组成部分 · 有限的环境分析

专栏1-1　美国交通规划手册中对通道规划的表述

美国交通运输工程师协会(Institute of Transportation Engineers,ITE)编著的《交通规划手册》第17章,针对通道规划进行了专题研究,提出了通道定义、通道规划含义、规划目标及规划重点等。

(1)通道定义:是指一个具有交通流动的、相对明确的地理区域,通常以一条或多条干线交通基础设施为中心(例如高速公路、通勤铁路或快速公交)。通常服务于一类出行集合,在该集合内,出行一般集中表现为线性形式。

(2)通道规划含义:应满足活动中心或其他节点之间的交通设施或服务需求,并确定交通投资,满足现有或规划的土地利用要求。传统上,通道一般从郊区向中心城市呈放射状。随着近年来郊区人口和就业的快速增长,许多研究集中在郊区到郊区的出行模式上。

(3)通道规划目标:满足地理上的通道内交通需求。包括制定解决当前或未来交通问题的战略;将通道策略与更大的系统规划联系起来;确定增加交通投资的土地利用策略;确定要纳入地方或区域计划的改善措施;为通道内预留通行权设置条件;为编制更详细的成本估算做准备。

(4)通道规划重点:关注通道系统的不同特点,如交通事故率高的地点、日益严重的交通拥堵、货运系统的限制、土地利用模式的变化以及各种情况对当前或未来通道系统的单独或累积的影响。

美国自 20 世纪 90 年代以来,在联邦政府的综合运输法案中,就提出了通道体系的支持项目,见图 1-2。"冰茶法案"中确定了 21 条高优先级通道,作为美国国家公路系统的重要组成部分。随后出台的几部法案中,相继确定了新增通道项目,且各法案中均有关于通道的专项资金,如"国家通道规划和发展计划(NCPD)""国家通道基础设施改善计划""国家货运网络"等。此外,地面交通计划(Surface Transportation Program,STP)、桥梁计划、州际公路养护工作计划等项目资金也可用于通道建设。

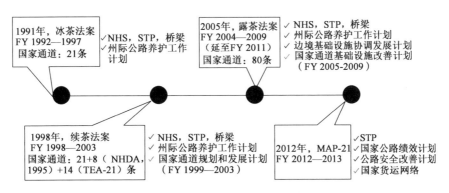

图 1-2 美国综合运输通道规划历程

注:FY(Financial Year)指财年,NHS(National Highway System)指国家公路系统,NHDA(National Highway Designation Act)指国家高速公路法。

总体来看,美国综合运输通道的规划建设思路经历了由"自下而上"确定项目建设计划到"自上而下"系统规划的过程。

第一阶段(20 世纪 90 年代—21 世纪初),"自下而上"确定项目建设计划。美国运输部开展了"国家通道规划和发展计划""国家通道基础设施改善计划"等综合运输通道项目建设,其核心是依托"国家公路系统(NHS)"和"州际公路系统"相关规划,识别出高优先级通道并对其进行资金支持。联邦政府资金主要用于项目可行性研究、综合运输通道规划及设计、通道选线、州际及州内协调、环境影响评价及审查、项目建设等。通道以公路项目为主,也包括与之平行或衔接的部分铁路项目和多式联运场站项目。州(或多个州联合)根据综合运输相关法案中提出的有关条件,向美国联邦公路局上报符合要求的综合运输通道项目并提交有关材料,由美国联邦公路局下设办公室负责对项目进行核查,报美国国会进行审批,最终经国会认定的项目被确定为"高优先级通道"。

第二阶段(21 世纪初至今),"自上而下"系统综合规划阶段。美国运输部对货运基础设施及货运系统的建设重视程度日益提高,货运通道的规划和布局开始逐渐成为美国交通运输政策的重要内容。2012 年,奥巴马签署了《迈向 21 世纪的进步》("MAP-21")法案,法案中首次提出建设联邦货运政策框架以引导全国货运发展,由国家货运网络(National Freight Network,NFN)、国家货运战略规划、货运工作指标、国家及区域重要项目、各州货运规划等主要内容组成。这一时期国家对通道体系的规划和建设指引更加系统,国家货运网络及货运通道相关规划和研究改变了以往由"地方上报项目,国家审核并提供资金补助"的做法,关注重点从以公路通道为主转向公路、铁路、水运、航空等综合运输通道的协同发展,从以基础设施为主转向包括运输组织、信息系统、管理机构等一体化货运通道体系的构建。

2. 国家货运网络规划

国家货运网络规划是美国首次"自上而下"系统性开展全国层面的通道规划。2013年，美国联邦公路局通过识别货运起讫地、货运量和价值、交通流量以及区域经济和人口因素等，划定了4.1万英里❶公路货运通道网络，其中2.7万英里为主货运网络。

高速公路的主货运网络(Primary Freight Network, PFN)，由美国运输部划定，总里程不超过2.7万英里，并预留了0.3万英里以满足未来发展的需要。美国国会提出在划定国家货运网络时应考虑的因素包括：货运的起讫点，公路货运量和价值，主干道上货车年平均日交通量所占比重，主干道上货车年平均日交通量，陆地港和海港，与能源地、开发区、工业区等的可达性，人口中心，网络的连接性。

专栏 1-2　主货运网络(PFN)的规划流程

- 选取货运量排名靠前的2万英里路段；
- 分析所选路段及路段间的道路，按规定组成道路网络；
- 将符合标准的陆地港连接到网络中；
- 将符合标准的货运联运枢纽连接到网络中；
- 将满足要求的市内路段加入网络中；
- 分析网络上人口聚集地、起讫点、港口、机场、联运枢纽等之间的关系；
- 分析连接能源产地、开发地、工业产地的网络，并决定是否纳入规划网络。

不属于PFN的其余州际公路，里程在1.7万~4.7万英里之间。重要的农村货运通道(Critical Rural Freight Corridors, CRFC)，由各州划定，里程没有限制。

专栏 1-3　重要的农村货运通道(CRFC)的规划流程

- 农村的主干道，且货车流量换算为客车流量单位后至少占25%的年平均日交通量；
- 连接能源产地、开发地、工业产地；
- 连接至主货运网络(PFN)的道路；
- 州际系统中连接到符合要求的基础性交通设施的道路。

---

3. 其他综合运输通道规划

（1）州际通道规划及州层面的通道规划。涵盖公路、铁路等多种运输方式的基础设施，聚焦旅客、货物联程联运，提出多个线路方案并进行比选，同时开展详细的环境保护研究，机构间协调过程较为复杂，规划方案一般纳入区域土地利用规划。

---

❶ 1英里=1609.344米。

专栏 1-4　华盛顿州综合运输通道规划

华盛顿州交通局（WSDOT）提出，综合运输通道研究通常针对特定问题（事故高发地点和通道、现状或未来产生拥堵、显著的土地利用变化等），并且涉及多种模式。研究提出了现有和未来存在的问题，并对替代性解决方案开展评价。推荐的替代方案通常为交通基础设施的规划建设说明，包括环境、运营和其他影响（如果适用，还包括措施建议）。通道规划研究展望期限较长（至少 20 年）。规划内容包括：

- 简介——研究目的；研究区域或通道，包括功能、分类和区别特征；通道历史；通道位置，包括通道底图；利益相关者；规划通道未来 20 年愿景；计划内容；研究目标。
- 基本信息——现状；通道目前存在的问题，维护、安全、机动性、环境、管理等情况。
- 基于 20 年规划期的数据分析——现有条件将如何变化？建模、预测。
- 资金约束——财务假设列表。
- 建议——基于目标的初步建议；筛选标准；行动计划，实施行动矩阵；关于监测执行情况的下一步措施。

专栏 1-5　佛罗里达州综合运输通道规划流程指导原则

佛罗里达州确定了通道投资战略以支持经济发展，规划流程指导原则如下：

（1）通道选择的优先级主要基于各通道的以下特征。

- 与全州和地区的愿景计划相符：即 2060 年佛罗里达州交通计划和全州的其他计划目标；佛罗里达州各地区未来增长和发展的长期愿景，以及未来整个州的发展前景。
- 制定规划过程：尽早并持续地让合作伙伴参与；协调运输通道决策与土地利用、经济发展、环境管理、水管理和其他公共和私人决策，识别实现多目标的机会；提供明确的决策点，并确保问题和建议能够持续到未来阶段。

（2）通道需求和策略识别过程。

- 确定长期运输需求：根据现状和预测数据及全州、区域和社区的愿景和计划，识别全州交通运输流动性和连接需求。
- 最大化利用现有设施：优化利用现有交通设施。
- 考虑高速公路替代方案：促进更好地利用现有的铁路、水路和空中走廊，用来运送人员和货物。
- 必要时考虑新设施：如果现有设施无法满足移动性或连通性需求，则开发新的设施。

（3）确定通道位置。

- 促进经济发展：改善人和货物运输的连通性，从而建立和促进区域就业中心和农村土地的经济繁荣。

- **选定合适的区域促进增长**：基于已通过的愿景和增长计划、地方政府综合规划和通过的部门计划，在适当的、环境允许的区域内改善运输通道，并在必要时提供合适的新设施。
- **保护和修复自然环境**：以保护和修复自然环境功能及特征的方式规划建设运输通道，从而避免或尽量减少不利的环境影响。

（4）通道规划方法。
- **多方式和多用途**：改善性规划或新的交通通道，为人和货物的移动提供多种运输方式，位置与现有和新的公共基础设施相协调。
- **保持通道功能**：通过运营策略、需求管理、通道管理、与周围土地利用的协调以及有效的交通网络的发展，使运输通道用途得以最大化，能够为跨地区、州际出行和运输服务。
- **设计模式**：公路要素设置通行限制，并确定衔接地点，以便为长距离运输提供更为经济的发展方式，并支持地方规划中确定的土地利用方案。在未来运输通道中考虑轨道及公共交通要素，以支持紧凑型发展，并鼓励乘坐公共交通。
- **采用相关设计**：尽可能利用相关的设计实践进行运输通道的规划、发展及实施。
- **使用先进且节能的方法**：使用最先进的、节能的基础设施、车辆、材料、技术和方法进行运输通道的开发和运营。

（2）地区及大都市区通道规划。一般包括公路或多方式的公共交通，主要研究通道内公路或公共交通方式多个平行线路的设置，通常是土地利用/城市设计的组成部分，需要进行详细的环境研究。

（3）地方层面开展的通道规划。通常仅包括单一运输方式，规划方案更关注单一设施，仅开展有限的环境分析。

美国大部分地区在开展综合运输通道规划研究时，将通道内须新建或改扩建的港口、机场、联运设施与公路、铁路、航道类项目一同作为通道建设的重点项目。以弗吉尼亚州货运系统规划为例，货运通道规划划定了明确的通道区域，将区域内的主通道线路及与之衔接的集疏运线路、场站等进行统筹梳理，进而确定重点项目。64号州际公路通道（I-64）规划在公路设施的基础上，统筹考虑了机场、铁路、联运设施以及集疏运设施等。

二、欧盟综合运输通道规划

1. 全欧交通运输网络（TEN-T）规划

随着欧洲一体化进程的加快，全欧交通运输网络（TEN-T）规划也经历了由"自下而上"到"双向反馈"、由碎片化项目向系统化规划逐步过渡的决策发展过程，见图1-3。1996年，欧洲议会及理事会正式提出了全欧交通运输网络的建设规划纲领，规划核心内容是涵盖公路、铁路、水路、民航等多方式的交通基础设施通道体系。截至目前，全欧交通运输网络规划持续更新并实施已超过20年，有关项目在欧盟成员国的交通基础设施建设与完善方面发挥了重要作用。

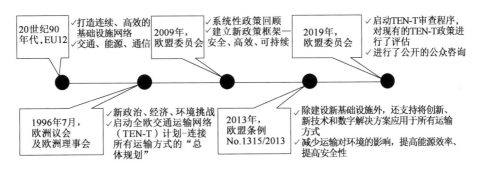

图 1-3　全欧交通运输网络(TEN-T)发展历程

2. 新一轮全欧交通运输网络规划及审查评估要点

2013 年,基于 1315/2013 号条例,欧盟委员会提出了新一轮的全欧交通运输网络规划及配套政策措施。该轮规划旨在发展欧洲范围内的铁路、公路、内河航道、海运航线、港口、机场等交通运输网络,最终目标是增强区域联系、消除瓶颈和技术障碍,加强欧盟的社会、经济和领土凝聚力;提升基础设施的使用效率,减少运输对环境的影响,提高能源效率和安全性。除了支持新建交通基础设施外,还有专项政策支持技术创新、新技术应用和数字化解决方案。

本轮全欧交通运输网络规划包括两个层次。第一层是核心网络(Core Network),是欧盟的骨架网络,连接最重要的枢纽节点。该层次通道由欧盟的专业机构进行规划,主要服务于各国之间联系及欧盟对外运输,计划于 2030 年之前形成。核心网络是指导欧盟各成员国进一步提出国家层面的综合交通基础设施建设项目的基础,也是指引欧盟投资计划和项目建设的总体依据。核心网络由 2 条纵向通道、3 条横向通道以及 4 条对角线通道组成。第二层是综合网络(Comprehensive Network),是核心网络的补充,覆盖所有欧洲地区,由各成员国与欧盟委员会共同研究确定,计划于 2050 年建成。

通过多轮修订,全欧交通运输网络应对了不断增长的运输需求、地缘政治发展(几次欧盟扩大)和不断变化的运输政策挑战(如自由化、标准化、技术创新),但也面临着资源环境、用户优先和技术进步等挑战。为应对这些挑战,全欧交通运输网络政策必须适应甚至超前发展,以确保能够打造一个面向未来、可持续的交通运输系统。基于此,2019 年 4 月欧盟委员会正式启动了全欧交通运输网络审查评估程序,对现有的条例进行评估,并开展公众咨询。评估包括通道规划及政策本身,涵盖以下 9 个方面,见表 1-3。

全欧交通运输网络审查评估要点　　　　表 1-3

序号	评估要点
1	通道政策框架下的城市枢纽节点
2	通道的功能
3	基础设施的标准和要求
4	通道能否成为引领未来运输系统的关键
5	铁路基础设施能否提供高质量客运服务
6	通道政策框架下的数字化

续上表

序号	评估要点
7	基础设施质量、抗灾能力(应对气候变化和各种灾害)、基础设施的生命周期——包括预防性维护(尤其是通过新技术应用)
8	"欧洲乘客"视角下的通道需求(包括面向全部用户的无障碍设施)
9	与其他国家的合作

三、加拿大国家战略门户和贸易走廊

1. 背景及政策意图

作为世界上贸易依存度最高的国家之一,加拿大的繁荣高度依赖于国际贸易。加拿大政府意识到,要保持居民的生活水平,必须应对全球贸易迅速变化所带来的挑战。这些变化的原因和动力来自全球交通运输与供应链中,货物与人员在世界范围内快速、不间断而安全的流动。过去20年间,加拿大运输业面向市场的政策对生产率增长贡献巨大,远远超出了其经济整体发展速度。然而,这些政策所带来的收益正在逐步减少,因为促进这些收益的政策及法规措施(如商业化、私营化、放松管制)往往仅针对某一交通方式,而如今仅通过单一方式运输的货物非常少。因此,充分与全球供应链相联系并通过增加交通系统的协调性和整体性、提升生产效率,成为加拿大国家战略门户和贸易走廊政策的主要动机。

该政策框架主要通过五个相互关联的视角进行分析确定。

(1)国际商务战略。将加拿大的主要交通运输系统与在全球商务活动中最重要的机遇和挑战联系起来。

(2)全国经济总量及价值。战略目标应关注加拿大整体经济发展中最重要的和最具有价值的区域。

(3)全球贸易和运输的未来模式。必须具有前瞻性,着眼于长远。必须通过既有的经验证据及数据分析来充分了解未来趋势。

(4)潜在能力和政策措施的范围。门户和走廊战略应超越基础设施系统,强调在不同层次体系的融合——包括不同交通运输方式之间,不同投资和政策之间,公共和私营部门之间,以及不同层级的政府间。

(5)联邦政府的作用及有效的伙伴关系。必须由联邦政府出台具体措施,明确具体责任,进行落实;同时寻求其他层级的政府和私营部门支持,建立有效的合作伙伴关系。

2. 亚洲—太平洋门户与贸易走廊

亚洲—太平洋门户与贸易走廊是加拿大国家战略门户和贸易走廊的重要组成,致力于推动加拿大与亚太地区的商业往来,提高占亚洲到北美进口集装箱的份额,改善在加拿大和北美货物出口运输中的效率和可靠性。该走廊是一个交通运输基础设施系统,包括港口、与其相连的主要公路与铁路网,以及主要的边境口岸和加拿大机场。该系统服务于加拿大全国,重点在于支持亚太地区的贸易。

亚洲—太平洋门户与贸易走廊规划是一整套综合性的投资与政策措施,充分反映了加拿大政府与省政府、私营企业负责人及其他利益相关者有效合作的承诺。规划注重于工作效率以实现有效的竞争性与可持续性发展的目标,既强调近期投资与政策措施的具体成果,同时也制定长期的战略方向。作为加拿大联邦政府的长期基础设施规划,包括了一个新的门户和边境口岸的国家基金,在七年间计划投资21亿加元,主要用于一系列的国家门户战略以及关键的多式联运节点,以增强加拿大国际贸易的竞争力,提高国家综合运输体系的效率。

四、墨西哥综合货运通道总体规划

1. 背景及政策意图

墨西哥的综合货运通道总体规划是墨西哥政府与交通行业的利益相关者共同谋划和推进交通基础设施系统建设、协调物流体系发展的重要手段。规划目标是满足国内贸易以及与北美自由贸易协定框架下的合作伙伴及其他国家之间的国际贸易需求。规划详细描述了墨西哥综合运输系统的利用、运作和发展的行动及战略,以及利益相关者的职责。

综合货运通道总体规划包括三个具体目的:一是能够为墨西哥交通部门提供一个促进墨西哥综合运输体系发展的,指引投资和行动的工具;二是为多种运输方式融合发展提供法律监管框架;三是提供衡量生产力的工具。

2. 通道的识别及规划方法

规划研究中主要完成八个主要任务,一是确立规划目标,二是建立规划框架体系,三是分析主要货物流量流向,四是分析墨西哥的交通运输系统,五是优先通道的识别和需求分析,六是建立绩效指标体系,七是影响分析及评价,八是总体规划的最后准备。上述八项任务中最重要的步骤是优先通道的识别。

通道方案确定之后,重点运用以下指标对18条通道进行详细分析,包括:通道所服务的市场区域;通道沿线的经济活动;通道产生的货运发生量及吸引量;现状及未来的交通量;物流和运输服务;通道内的交通基础设施;与其他通道的连接情况。

基于以上指标对通道进行评估,根据规划目标,进行第二层次的分析。以下六项指标被利益相关者用来确定通道的优先级,主要包括:未来需求;潜在的铁路分担率;集装箱运输潜力;区域经济发展;连通性;达到世界级标准的潜力。这些因素由项目委员会成员采用多属性效用理论进行评价,标定了各指标权重。最终评价结果确定了三组在近期和中期优先发展的通道,针对这三组通道开展更为详细的后续研究。综合货运通道总体规划中对每条通道进行了详细的需求评估,根据各通道的特定需求确定了投资的优先级,同时还针对整个国家的综合运输网络提出了一般性要求。

五、北美自由贸易协定(NAFTA)框架下的跨国通道规划

1. 北美自由贸易协定框架下的通道及节点识别

2002年北美自由贸易协定(North American Free Trade Agreement, NAFTA)跨境车流量揭示了边境口岸及其腹地之间的关系,主要车流沿北美自由贸易协定通道分布。大多数的美国

和墨西哥边境货流是中短距离的,主要为加利福尼亚南部、亚利桑那州、新墨西哥州和得克萨斯州提供工业制成品或者半成品,另外有一条长距离通道通向美国中西部和南部的制造业带。加拿大方向的车流呈类似情况,主要通往美国东北、西北部,货物类型大多与日用品相关。

2. 北美自由贸易协定框架下北美运输通道的构建

在北美自由贸易协定框架下,在一致协商的基础上,为了解决基础设施的改善等共同的问题,几条南北向重要运输通道逐步建立起来。其中部分通道有专门的管理机构,而另一些通道尽管没有专门管理机构,但已经形成了连续的通道形式。通道主要是沿南北方向,包括以下几条通道。

(1)北美洲大陆中部通道。也称作"北美自由贸易协定通道",该通道连接了北美洲最大的两个陆路门户,密歇根州的底特律市以及得克萨斯州的拉雷多市。近年来该通道内的交通量经历了高速增长,占 NAFTA 协定中贸易值的 65%,主要依靠公路运输完成。

(2)东海岸通道。也被称为"I-95 通道",主要通过州际公路连接了北美东海岸最大规模、最连续的城市群,即波士顿—华盛顿城市群。由于其自身的复杂性,该通道重点改善收费站、公路瓶颈,推进铁路和近洋短途海运。

(3)Canamex 通道。由亚利桑那州、爱达荷州、内华达州、犹他州和蒙大拿州共同开展的联合项目,由专门机构负责开发管理。通道连接了加拿大阿尔伯塔省和墨西哥的索诺拉州、锡那罗亚州、纳亚里特州、哈利斯科州。该通道旨在刺激投资和经济增长,提升通道的安全性及运输效率,制定全面、协调的计划以提高通道资源的有效配置,从而最大限度地挖掘通道沿线美国、加拿大和墨西哥的经济潜力。该通道是一个综合通道,包括了交通基础设施、商务及通信设施,其中交通基础设施主要包括建设一条从墨西哥边境至加拿大边境的 4 车道公路。Canamex 通道拓展到了沿线所有州的区域范围,发展远超出了高速公路本身的收益。亚利桑那州运输局牵头制定全面的 Canamex 通道开发计划,包括通道的需求及所需财政资金等战略研究。通道计划自 2001 年启动以来,主要成效包括:对 Mariposa 口岸的通关快速公路完成了 210 万美元的投资;投资 30 万美元完成了 GSA 马里波萨出入境口岸设计可行性研究;完成了应急救援的 Wi-Fi 安全项目;墨西哥联邦对瓜伊马斯—亚利桑那州综合运输通道的定向投资等。

六、俄罗斯统一骨干交通网规划

1. 背景及政策意图

俄罗斯运输部最新发布的《俄罗斯 2030 年交通运输战略(展望 2035 年)》中提出要建设统一骨干交通网。统一骨干交通网包括所有运输方式最重要的基础设施,能够提供以下类型的关键运输链接:俄罗斯各联邦区、俄罗斯联邦管区中心城市、人口超过 10 万的城市之间的旅客和货物运输;主要在国际运输走廊框架内的进出口货物运输及国际旅客运输;区域间旅游路线以及受欢迎的旅游休闲区、文化遗产地的联系,矿产和工业区与俄罗斯消费者和外国市场之间的联系;城市群最繁华地区的人口流动。统一骨干交通网的所有设施共同承担了区域间和国际交通中超过70%的客货运量,以及超过30%的城市群公共交通客运量。

2. 统一骨干交通网的构成

统一骨干交通网包括公路和铁路骨干网、民航基础设施、水运和骨干物流基础设施。每种运输方式的核心网共同构成统一核心网,形成多式联运的基础设施。各类运输骨干网的基础设施都有统一的开发和维护管理机构。

高速公路骨干网包括:以最短路线连接莫斯科和俄罗斯联邦管区中心城市的高速公路;将俄罗斯各联邦管区中心城市之间以及沿最短路线与10万或以上人口的城市连接起来的高速公路(有可能包括连接人口超过1万的城市的高速公路);10万人口以上城市环线(有望包括1万人口以上城市绕道),构成国际运输走廊部分的高速公路;通往机场、铁路枢纽、海港和河港、多式联运和物流中心的高速公路;通往俄罗斯国界的机动车检查站的机动车道;预计日均交通强度超过10000辆车通行的高速公路。

铁路骨干网包括:国际运输走廊部分的铁路,年承载能力至少7000万吨的铁路;年运送量至少800万人次的铁路;在总人口超过150万的大城市之间提供客运的铁路;时速大于或等于300~350公里的高速线路;在城市和城市群内提供大运量旅客运输并与其他类型的公共客运相结合的铁路;提供与俄罗斯各联邦管区的运输联系;提供通往俄罗斯国家边界铁路检查站的铁路;通往北极地区正在建设的新海港的铁路。

内河航道骨干网包括:统一的深水航道及相关基础设施;内陆水道;基础设施,确保相邻流域之间的航行,以及确保内陆水道沿线的对外经济关系,参与国际运输走廊沿线的运输。

海港骨干网包括:专注于货物进出口业务的港口,共17个海港;北海航线的基础设施,包括确保北海航线全年过境航行所需的港口基础设施;没有公路和铁路基础设施以及向北部交货的定居点的港口,共16个海港。

骨干物流基础设施包括:多式联运和物流中心,每年处理能力至少为20万标准集装箱,在一种或多种运输方式上集成到统一骨干网络的线性基础设施网中;跨越俄罗斯国界的检查站以及邻近的运输和物流基础设施。

统一骨干交通网新设施建设和现有设施运行过程中,考虑到环境标准、可持续发展原则和G20优质基础设施投资原则,努力为乘客(包括行动不便的乘客)提供便利和高品质的交通运输服务。所有设施将提供不间断的蜂窝通信接入和无线宽带接入,至少是第四代(4G)移动通信网络。重点公路、铁路和内河航道的基础设施和电信组成部分将为无人驾驶车辆的运营做好准备。

3. 统一骨干交通网重点发展领域

在2035年之前,统一骨干交通网将同时新建交通基础设施并对现有基础设施进行现代化改造。重点是增加领土的空间连通性和交通可达性、增加人口流动性、发展国内和入境旅游,以及进一步提升货物运输量及运输效率等,包括开发部分国际运输走廊(作为铁路、公路运输的一部分)、道路设施、海港和河港、检查站;发展民航机场网络;消除港口基础设施的能力限制;发展城市群的主要交通网络;发展骨干物流基础设施;消除内河航道的瓶颈。

七、对我国综合运输通道规划的启示

我国在推进综合运输通道规划、建设并提供相应的政策支持方面,借鉴其他国家通道规划发展经验,应重点关注以下几个方面。

(1)综合运输通道规划涵盖不同层次功能体系。欧盟的通道规划分为核心网络和综合网络两个层次,各成员国也分别在国家、区域层面开展了相应的通道规划。美国在联邦、州际、州、地区及大都市区、地方(城市)等不同层面均开展了通道规划。结合我国实际,建议在《国家综合立体交通网规划纲要》指引下,进一步深化串联粤港澳、长三角等重点区域的通道规划,并鼓励省、市组织开展相应层次的通道规划研究。在确定通道总体布局的基础上,可对重点通道开展专项研究,进一步明确线路配置方案、建设重点、建设时序和推进策略。

(2)综合运输通道规划做好与国土空间等相关规划的衔接。欧盟的通道规划充分考虑了欧盟总体发展战略,与各个国家层面交通规划相衔接;美国各级通道规划重点考虑了区域战略或愿景规划、全州及大都市区交通规划、地方政府综合规划等不同类型、层次规划之间的协调关系。从实际效果看,通道规划可为相关规划提供思路引导及项目支撑;具体方案可纳入有关土地利用规划、城市规划,以获得资金支持和用地保障。在我国新一轮国土空间规划改革加快推进的大背景下,通道规划应更加注重交通线路与沿线产业、城市协同互动,并做好各种运输方式间交通线路的协调衔接。

(3)综合运输通道规划重视提高既有设施效能。欧盟、美国的通道规划,非常重视对既有各方式交通基础设施网络的梳理,注重存量资源的优化利用。欧盟通道网络规划的首要任务是在核心通道上消除瓶颈、提升基础设施并优化跨境客货运输组织。美国的通道规划重点支持瓶颈路段改扩建、优化路口设置、运用智能交通技术等。我国在考虑通道布局及建设时,应注重充分利用现有资源,加快推进交通基础设施薄弱环节建设及新技术应用,提升既有设施的效能。

(4)综合运输通道规划建设有充足资金政策作支持。美国"冰茶法案"框架下,提供的通道专项建设资金约为7亿美元(含国家通道规划和发展计划、边境基础设施协调发展计划,分五年实施);"露茶法案"框架下,提供的通道专项建设资金约为19.5亿美元(为国家通道基础设施改善计划,分五年实施)。欧盟为支持全欧交通运输网络的建设,也投入了大量的专项资金,仅欧盟下设的创新与网络执行机构(Innovation and Networks Executive Agency,INEA)就资助了超过500个项目,共计投资近70亿欧元。国家层面通道专项资金主要用于通道规划布局研究、项目可行性研究、跨区域协调、环境影响分析等;通道规划中确定的具体项目可纳入各运输方式专项规划、区域规划获取资金支持。我国在推进综合运输通道建设时,政府和有关部门也应当提供专项资金,确保项目的顺利实施;同时,鼓励充分利用各种投融资平台,广泛吸引社会资本参与,逐步扩大建设资金规模。

(5)综合运输通道规划由专业协调机构推进实施。为推进全欧交通运输网络的实施,欧盟成立了专门的全欧交通运输网络执行机构(The Trans-European Transport Network Executive Agency,TEN-TEA),负责项目的实施;2013年,其职能被创新与网络执行机构(INEA)取代。美国的部分州政府及下属交通运输局也设立了针对某条通道的建设管理协调机构,处理通道项目规划、建设、管理过程中可能存在的问题。我国目前正处于推进综合运输通道的关键阶段,可研究成立通道管理协调机构的可能性,负责推进规划研究及后续实施,规范项目管理、资金使用、效益评估等。

第四节 我国综合运输通道规划发展实践

一、国家综合运输通道布局

改革开放以来,我国经济规模快速增长,人民生活持续改善,经济社会的持续快速发展带来了交通运输需求的急速增长,为保障经济社会发展,我国逐步加快了交通建设步伐,铁路、公路、水运、民航相继展开了大规模建设,交通运输供给能力和服务水平不断改善并实现了跨越式发展。在此过程中,综合运输通道逐步形成和发展,在支撑引领产业布局、国土城镇开发、外向型经济发展等方面,发挥了重要作用。

"六五"和"七五"时期,我国交通建设重点从内地转向沿海。这个时期的交通建设以铁路和沿海港口为主,铁路发展重点是山西等北方能源基地外运通道建设和东部繁忙干线改造,港口重点加强沿海枢纽港新港区的开辟和大力建设能源输出港。为发挥不同运输方式的优势,我国开始发展综合运输体系,研究建设现代化的大能力运输通道,相继进行了一系列交通运输通道相关规划研究。1985年,交通部❶在《2000年水运、公路交通科技、经济和社会发展规划大纲》中提出,全国综合运输网建设应着力于开发完善不同运输方式组成的八条运输大通道。1987年,在国家计委和世界银行主导下,我国组织近百名国内外专家和近千名工作人员,开展《长江三角洲地区综合运输网规划研究》,对能源等重点物资运输通道进行规划。1987—1990年中国科协组织专家完成的"中国交通发展战略研究与建议",提出了全国六组通道建设方案。至1990年,我国沿海、沿长江以及亚欧大陆桥"两横一纵"的三条综合运输大通道快速发展,成为客货流最密集的地带。

"八五"和"九五"时期,我国大力建设区际通道——铁路干线和公路国道主干线及沿海水运。这个时期交通运输建设,是以增加铁路运力为重点,同时积极发展其他运输方式。铁路方面主要建设三西能源基地对外运输通道和新的南北干线以及西北区、西南区干线,建成的代表性铁路有京九线、南昆线以及由陇海线、兰新线和北疆线组成的亚欧大陆桥通道。公路水运方面,交通部提出了"三主一支持"的长远发展战略,重点建设"五纵七横"国道主干线、水运主通道、港站主枢纽和支持保障系统。

"十五"时期,我国交通建设的主旨是"健全综合交通体系"。铁路方面,重点建设和改造"八纵八横"铁路主通道,扩大西部铁路网,形成西北、西南进出境国际铁路通道,西北至华北新通道,西北至西南新通道,新疆至青海、西藏的便捷通道,完善西部地区和东中部铁路网络。公路方面,加快以"五纵七横"为重点的国道主干线建设、实现全面贯通,在此基础上规划了由

---

❶ 现为交通运输部。

7条首都放射线、9条南北纵向线和18条东西横向线组成的由中心城市向外放射以及横贯东西、纵贯南北的国家高速公路网。

"十一五"时期,国家发展和改革委员会制定了《综合交通网中长期规划》,提出了"五纵五横"综合运输大通道和国际区域运输通道、42个全国性综合交通枢纽的布局方案,指导行业发展。

"十二五"时期,《国家公路网规划(2013年—2030年)》发布,提出构建由7条首都放射线、11条南北纵线、18条东西横线,以及地区环线、并行线、联络线等组成的国家高速公路网和12条首都放射线、47条南北纵线、60条东西横线和81条联络线组成的普通国道网。这一时期,国家综合运输大通道的主要构成线路设施,如"四纵四横"国家快速铁路网、"7918"国家高速公路网基本建成,"五纵五横"的综合运输大通道格局逐步形成。

"十三五"时期,《中长期铁路网规划》修编,提出构建"八纵八横"高铁网、十二条区际快捷大能力通道和面向"一带一路"国际通道。基于经济新常态和交通运输发展的新要求,结合"五纵五横"的综合运输大通道发展建设情况,2017年国务院印发《"十三五"现代综合交通运输体系发展规划》提出,构建横贯东西、纵贯南北、内畅外通的"十纵十横"综合运输大通道。

"十四五"时期,按照党中央加快建设交通强国的总体部署,中共中央、国务院印发《国家综合立体交通网规划纲要》,指出"加快建设高效率国家综合立体交通网主骨架",打造6条主轴、7条走廊、8条通道,建设综合性、多通道、立体化、大容量、快速化的交通主轴,建设多方式、多通道、便捷化的交通走廊,强化主轴与走廊之间的衔接协调,加强组群与组团之间、组团与组团之间联系,构建8条通道体系。

为更好推动国家综合运输通道发展,近年来围绕单条通道,国家层面也开始陆续出台相关规划和政策。2019年国务院批复了西部陆海新通道总体规划(国函〔2019〕67号),进一步明确了综合运输通道对发挥区位优势、深化陆海双向开放、强化国家区域发展新格局、推动区域经济高质量发展具有重大现实意义和深远历史意义,从空间布局、通道建设、物流设施、运营效率、产业融合、对外开放等角度提出了推动大通道建设的总体要求。

二、省级综合运输通道规划实践

与国家综合运输体系发展进程同步,各省也先后开展了综合运输通道的规划、建设相关工作。

浙江省政府作出统筹推进大湾区、大花园、大通道、大都市区建设的战略部署,将"大通道建设"作为浙江省"富民强省十大行动计划"之一,实施以义甬舟开放大通道为主轴的开放通道、以沪嘉甬铁路为代表的湾区通道、以杭衢铁路为代表的美丽通道以及四大枢纽、四港融合五大建设工程。预计到2035年,90%以上县(市)通高铁、有机场,在全国率先建成现代化的交通强省。根据《交通运输部关于浙江省开展构筑现代综合立体交通网络等交通强国建设试点工作的意见》,"打造义甬舟陆海统筹双向开放大通道"已成为试点任务之一。

《重庆市综合立体交通网规划纲要(2021—2035年)》指出,构建面向国际、畅通全国的对外运输大通道,加快构建"4向3轴6廊"对外运输大通道和"1带1圈2射4联"市域交通主骨架。《安徽省综合立体交通网规划纲要》指出,打造"4轴5廊6通道"的综合立体交通网主骨架。《河北省综合立体交通网规划纲要》提出构建"六纵六横一环"综合运输通道布局。

三、我国综合运输通道发展的阶段认识

1. 综合运输通道已进入高质量发展阶段

基于我国综合运输通道发展的历程、发达国家经验规律和《交通强国建设纲要》《国家综合立体交通网规划纲要》的要求，综合运输通道已进入高质量发展新阶段。

综合运输通道串联城市群、都市圈和中心城市，是客货运输最密集、交通资源配置最集中、交通技术和组织模式创新最频繁、交通与外部要素交互最紧密的空间区域。从"五纵五横"到"十纵十横"再到"6轴7廊8通道"，我国综合运输大通道布局方案逐步完善，设施能力全面提升，有效支撑了国民经济发展。从国土空间开发利用保护格局和我国区域发展、新型城镇化进程看，"6轴7廊8通道"是面向2035年展望2050年的综合运输通道格局，具有长期指导意义。伴随各省综合立体交通网规划纲要的先后批复，国家和省层面综合运输通道空间发展格局将基本稳定，高质量发展问题将成为通道发展的核心问题。进入新发展阶段，与以往设施建设快速推进、规模能力快速扩大的阶段相比，综合运输通道发展面临着交通网络规模边际效益下降、设施建设投资成本大幅攀升、资源集约利用和低碳环保要求更高、与城镇体系融合联动更紧密等新的情况，各方式独立发展、资源资金要素驱动、规模优先的传统路径难以为继。

加快建设交通强国是我国交通运输发展新的历史使命，我国综合运输通道建设全面进入了关注质量效益、一体化融合、创新驱动的高质量发展阶段。作为交通效率最高、供需矛盾最集中、要素保障协调难度最大的区域，"6轴7廊8通道"国家综合立体交通网主骨架的建设需要统筹协调好通道内部各方式间、交通与外部要素间、增量与存量设施间、传统与新型交通方式间关系，落实新发展理念，成为先进科技应用与运营管理模式创新的先行区，综合交通运输治理体系和治理能力改革的试验田。

2. 综合运输通道规划理论方法亟待创新完善

首先，从发展趋势看，我国经济发展的空间结构正在发生深刻变化，综合运输通道与城市、产业和国土空间耦合关系越来越密切，通道内涵、外延、形成机理和作用机制都在发生新的变化。这要求重新认识综合运输通道与国土空间的协同发展机制，为科学制定综合运输通道规划、确定通道发展的路径选择和效率提升提供理论基础。其次，从广深通道、沪杭通道、G60科创走廊等发展经验来看，综合运输通道是新型交通基础设施的试验场和集中应用平台，目前交通基础设施、装备在互联网、大数据、机器人等科技进步的推动下快速迭代演进，对通道效能提升也将产生重大影响，编制通道规划必须充分考虑上述因素的影响。最后，生态文明建设和国土空间规划管控对建设用地、用海等资源利用要求趋紧，这是通道规划必须遵循的底线，如何通过管理运营模式创新，提高集约化运输方式的分担率、功能复合化资源的利用率、通道内部各方式径路的协同率，多措并举扩大既有设施的利用水平和服务能力，是规划编制需要重点解决的问题。

科学制定综合运输通道规划，还需要攻克一系列关键技术。首先，国内外既有研究成果主要集中在宏观尺度的通道布局规划方面，对城市群这类尺度较小、高度城镇化地区的通道与沿

线人口、产业等国土空间的互动机理研究不够，尚未揭示其内在规律，难以形成通道内线路配置的精细规划方案，达到对接国土空间规划的深度要求。其次，通道内线路配置关键技术方法尚未形成，通道线路评价指标、评价方法有待建立，支撑线路纳入国土空间规划、基于资源承载和生态环保的通道线路配置评价技术亟待创新。最后，基于大数据的城际交通需求分析预测技术有待进一步探索应用，综合应用统计数据、调查数据和手机信令等大数据开展数据分析与机理模型的研究尚在探索阶段，应用四阶段法分析预测通道需求的关键参数亟待标定。

在加快建设交通强国、推进综合运输通道高质量发展的大背景下，基于国土空间治理变革、通道与沿线产业城市的互动耦合关系，开展综合运输通道规划研究，形成系统性的综合运输通道规划理论及方法，为开展各层级通道规划提供技术支撑，显得十分必要和迫切。如何提升综合交通网络可达性及服务水平，提高用地用海、线位等资源的综合利用效率，促进综合立体交通网与国土空间、社会经济、资源环境的协调可持续发展，是规划理论方法尤其要关注的问题。

本章参考文献

[1] Michael D Meyer. TRANSPORTATION PLANNING HANDBOOK[M]. New Jersey: John Wiley & Sons Inc, 2016.

[2] WHEBELL C F J. Corridors: A Theory of Urban Systems[J]. Annals of the Association of American Geographers, 1969, 59(1):1-26.

[3] Douma F, Kriz A. Transportation corridors planning: A model and case studies[R]. 2003.

[4] Aljarad S N, Black W R. Modeling Saudi Arabia-Bahrain corridor mode choice[J]. Journal of Transport Geography, 1995, 3(4):257-268.

[5] Zargari A Shahriar. Optimization of integrated multimodal urban transportation corridors[M]. Carleton University, 1997.

[6] Frank R Bruinsma, Sytze A Rienstra, Piet Rietveld. Economic Impacts of the Construction of a Transport Corridor: A Multi-level and Multi-approach Case Study for the Construction of the A1 Highway in the Netherlands[J]. Regional Studies, 1997, 31(4):391-402.

[7] Jacyna M. Multicriteria evaluation of traffic flow distribution in a multimodal transport corridor, taking into account logistics base service[J]. Polish Academy of Sciences Committee of Transport, 1999.

[8] Petersen E R. A highway corridor planning model: QROAD[J]. Transportation Research Part A Policy & Practice, 2002, 36(2):107-125.

[9] Todorovich P, Yaro R. America 2050: An Infrastructure Vision for 21st Century America[J]. Journal of Urban & Regional Planning, 2009.

[10] U.S. Department of Transportation. National Freight Strategic Plan[R]. 2015.

[11] 曹小曙, 阎小培. 20世纪走廊及交通运输走廊研究进展[J]. 城市规划, 2003, 27(1):50-56.

[12] 张国伍. 交通运输系统分析[M]. 成都：西南交通大学出版社, 1991.

[13] 张文尝.运输通道系统分析[J].交通运输系统工程与信息,2001,1(2):134-139.
[14] 朱健梅.竞争性运输通道选择的博弈模型研究[J].西南交通大学学报,2003,38(3):336-340.
[15] 李德刚,罗霞.基于用户的综合运输通道结构配置[J].西南交通大学学报,2005,40(2):249-25.
[16] 温子兴.运输通道综合交通运输功能结构与运输结构研究[D].西安:长安大学,2008.
[17] 孟国连.区域性运输通道布局规划的方法及应用研究[D].北京:北京交通大学,2010.
[18] 张迦南,赵鹏.综合运输通道规划方法研究[J].北京交通大学学报,2010,34(3):142-147.
[19] 李伟,孙鹏,李可,等.运输集中、廊道识别与国家综合运输大通道规划[J].综合运输,2017(3):16-22.
[20] 俄罗斯运输部.俄罗斯2030年交通运输战略(展望2035年)[R].莫斯科:俄罗斯运输部,2021.

第二章 综合运输通道形成发展机理

综合运输通道形成发展机理是综合运输通道规划需要遵循的基本理论,也是开展现状评价和需求分析预测、制定规划方案的逻辑起点。从系统论角度看,综合运输通道本身是一个复杂系统,由不同运输方式的线路节点共同组成并相互影响,同时与外部环境之间也存在复杂的作用关系。研究其形成发展机理,可以分为两大方面,主要包括综合运输通道与外部环境的作用机理、综合运输通道内部作用机理,如图 2-1 所示。

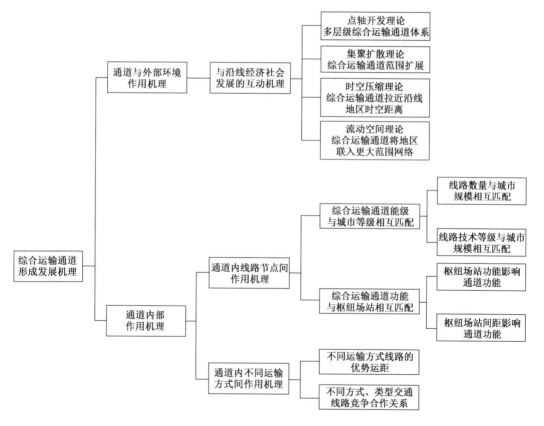

图 2-1 综合运输通道形成发展机理分析框架图

第一节 综合运输通道与沿线地区互动关系

一、综合运输通道与沿线地区经济的相互促进关系

综合运输通道与沿线地区经济的关联十分紧密,二者相辅相成、相互影响。在利好条件的导向下,两者会形成一个相互促进的正反馈,推动运输通道与经济的协同发展,并向更高的等级和层级演化。二者之间的相互促进关系主要表现在以下两个方面(图2-2)。

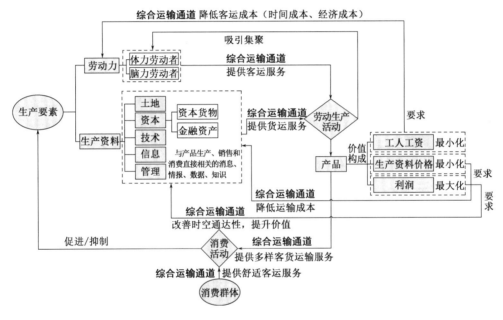

图2-2 综合运输通道同生产要素、消费群体相互作用关系示意图

(1)综合运输通道加速沿线生产要素、产品和消费群体的匹配。综合运输通道是劳动力获取生产资料、消费群体获得所需产品的桥梁,是将生产和消费联系起来的纽带。综合运输通道为大规模的劳动力以及资金、技术、信息等生产资料流动提供能力充分、类型多样、多种运输方式的运输服务,使得劳动力和生产资料在某一地区紧密结合。产品在制成以后通过综合运输通道向各个城市集散分发,或通过综合运输通道提供的旅客运输服务将消费群体吸引至某一区域,使得产品同多样化的消费群体匹配起来,满足不同企业生产及百姓生活需要。综合运输通道可明显改善生产要素的空间可达性,还改变了通道所经过地区或通道上枢纽节点的土地属性,土地的使用开发强度得到提升,例如旅游资源在综合运输通道贯通后吸引了大量旅游客源,具有了更强的商业价值。

(2)生产要素和消费群体反作用于综合运输通道。当某一区域具有较大规模的劳动生产活动时,将吸引大量经济活动所需的劳动力和生产资料流动起来并结合在一起,不同类型生产资料对运输服务要求存在差异,使得不同运输方式的交通线路组合在一起形成综合运输通道。

消费者会选择适宜的出行方式，以求减少行程时间或费用、提高舒适度，生产企业则选择综合运输通道中合理的交通方式，尽可能降低货物运输成本。不同群体对出行方式选择有较大差异，商务出行旅客为快速、舒适到达目的地，通常会选择民航、高速铁路、高速公路；对价格敏感的旅客，往往选择普速铁路、公路客运。煤炭、矿石等货类通常会选择运输能力大、单位运价低的铁路和水路进行运输。沿线经济发展还促进综合运输通道功能转变，国内生产总值及其增长速度、产业结构、产业布局、人口规模和结构等因素在客观上决定了经通道运输的旅客和货物规模及增长速度、流量和流向，推动通道客货运输需求从无到有、从小规模向大规模、从低层次向高层次转变，通道内的线路数量由少到多、种类由单一到多样、技术等级由低到高、运输能力由弱到强转变。

二、综合运输通道促进沿线地区国土开发

综合运输通道加速产业在通道沿线及枢纽集聚，带动通道沿线地区国土开发。作为大规模旅客出行和货物运输的主骨架，为覆盖联通地区的产业发展提供人和物的空间位移服务，是通道辐射范围内城市经济社会发展的基本需要和先决条件、生产生活的基础支撑和重要纽带。通道辐射地区产业发展要借助综合运输通道提供的客货运输服务来串联原材料采购、生产人员和机械入驻、资源开发、生产资料及半成品运输、制成品运出销售、消费者购买等多个环节。特别是综合运输通道沿线地区和通道内枢纽周边地区，凭借良好的交通条件，往往是新兴产业形成、产业结构调整、新增长点增长极出现、人口物资集聚、城镇化发展、土地开发的关键地区。

专栏2-1　日本新干线促进沿线产业集聚

日本新干线的开通，吸引人口在沿线城市集聚。1982年仙台、岩手的东北新干线开通后，沿线企业数量和规模迅速扩大，地方财政收入明显增加，促进了人员流动，扩大了沿线城市的就业机会，沿线城市的人口和企业分别增加30%和45%（1995年）。东海道新干线和山阳新干线建成后，刺激了沿线旅游、商贸产业的发展，旅游人数每年超过2亿人次，产生的食宿、旅游等消费支出约为5万亿日元，增加就业50余万人。新干线将京滨、名古屋、阪神、濑户、北九州等5大工业区连接起来，形成沿太平洋伸展的"太平洋工业带"，带动汽车、机电、家用电器等加工产业和集成电路等产业成片发展。新干线的通车，促进了东京都市圈、名古屋都市圈、大阪都市圈形成，并为其发展成为日本经济"火车头"提供了强有力支撑。

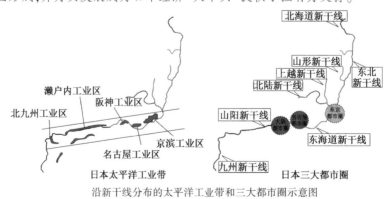

沿新干线分布的太平洋工业带和三大都市圈示意图

> **专栏 2-2　综合运输通道促进枢纽周边国土开发**
>
> 　　日本新横滨站是东海道新干线上的高铁站,位于距离横滨市中心 7 公里的北部欠发达山丘地区,远离主城区。新横滨地区依托东海道新干线,以新横滨高铁站为核心带动新城发展,通过加强与横滨市中心的联系,完善道路、城市轨道交通等基础设施建设,吸引了医院、企业总部、科技研发中心、信息专科学校等进驻。经过五十多年的发展,历经基础设施建设期(1964—1980 年)、城市品质提升期(1981—2003 年)、城市更新发展期(2004 年至今),新横滨地区从一片农田逐渐发展成为 IT 产业中心以及横滨市的新中心。目前的新横滨包括工厂集聚的新羽地区、文化底蕴丰富的城乡地区、农业发展良好的羽泽地区和以新横滨站为核心的新横滨地区。

三、综合运输通道支撑沿线产业结构优化

综合运输通道在形成前多为单一运输方式线路,运输能力、服务种类、服务水平、运输速度等均有限,旅客出行和货物运输方式单一。综合运输通道形成后运输能力大幅提升,运输方式和线路更加多样,支撑对旅客运输有舒适性、准时性要求的服务业和对货物运输有高效、低成本要求的新型工业、高新技术业发展。综合运输通道提供的铁路、公路、水运、民航、管道等多种运输方式的快速、舒适、大规模、经济、安全、绿色的运输服务,满足多样化、个性化的运输服务,减少运输费用在产品价值构成中的占比,推动产业结构优化。

> **专栏 2-3　高速铁路和高铁站在加速商业发展中的突出作用**
>
> 　　德国卡塞尔高铁站是德国 H-WUE 线(汉诺威—维尔茨堡)新建的高铁站。H-WUE 线开通前每天只有两趟火车经过卡塞尔的老火车站。高铁站建成后,每天有超过 100 列高速列车和普通列车通过。高铁站人流客流集散能力强的优势吸引了众多工业和商业服务企业,在高铁站附近建成零售、酒店、住宅、写字楼等建筑,周边地区商业大幅增加。高铁站建成仅一年,周边地区的各类服务设施的需求量都明显增长。
>
> 　　法国里昂高铁站开通运营后,高铁站周边区域集聚了全市 40% 的商务办公楼,办公楼面积从 1983 年东南线开通时的 17.5 万平方米增至 1990 年 25.1 万平方米,高铁站周边成为商务办公楼发展最快、最受欢迎的地区。

四、综合运输通道重塑城市交通区位

综合运输通道贯通后,将重构地区的交通网络格局,重塑城市交通区位,一些城市交通区位优势更加突出,一些城市则陷入交通区位劣势。

综合运输通道提升了部分城市交通区位的重要度。位于多条综合运输通道交会处的城

市,在交通网络的中心地位得到进一步强化。凭借良好的交通区位条件,城市拉近同通道上其他城市和地区间的时空距离,使人才、资金、技术、信息等生产要素沿综合运输通道快速流动。与此同时,综合运输通道对没有覆盖连通的区域产生不利影响,削弱这些地区(城市)交通区位的重要度,未被综合运输通道覆盖联通或仅被低级别综合运输通道覆盖联通的次级节点城市和小城市,难以吸引人员和物资进入,城市既有的人才和企业则受到高级别综合运输通道上城市的吸引,存在流失的可能。

专栏2-4 正太铁路线路对正定(府)、石家庄城市的影响

正太铁路(线路又称"太柳铁路""石太铁路")线路原计划东起直隶正定府,西到山西太原府,以便将山西生产的煤、铁资源通过正太铁路和卢汉铁路运往国内其他地方。后来为减少铁路跨越滹沱河大桥增加的投资,正太铁路东端起点从正定城南移到柳林堡(今石家庄市桥东区胜利北街道柳林铺村),又从柳林堡进一步南移到枕头镇(今振头街道)附近的石家庄村,通过线路取直的方式缩短铁路里程,再次降低线路的投资。

正太铁路三次站址变更示意图

正太铁路线路调整对正定和石家庄两座城市发展起到了深远的影响。

在正太铁路未修建时,正定同保定、北京并称为"北方三雄镇",境内拥有卢汉铁路(京汉铁路)的正定站(二等车站)。此时石家庄仅为一个偏僻的属于正定府获鹿县的小村庄,面积不足0.1平方公里,人口不足600人,境内仅有为满足滹沱河南客货运需要、离正定不足十公里的石家庄站(小站)。此时,正定在经济规模、人口数量、交通区位条件方面均明显优于石家庄。

在正太铁路建成通车后,位于正太铁路和卢汉铁路连接地带的石家庄凭借交通条件的显著改善一跃成为了交通枢纽。由于正太铁路(窄轨)和卢汉铁路(标准轨)的轨距差异,使得两条铁路运输的货物需要在卢汉铁路石家庄站和正太铁路石家庄站卸下,再由人力转运到货物需要发往方向的列车上。巨大的物资流吸引了巨量的人流,带动了城市规模的扩大和工商业的繁华。正太铁路通车20年后石家庄成为了拥有6.3万人口的城市,其中产业工人达到1.6万;拥有商号2300余家,银行8家、银号、钱庄24家,还有纱厂、盐务局、面粉公司、盐店等。石家庄逐渐取代正定成为地区的经济、交通中心。

第二节 综合运输通道与沿线经济社会发展的互动机理

一、点轴开发理论——多层级综合运输通道体系

20世纪80年代初,陆大道创立了点轴开发理论。其中,"点"为各级中心地,是各级区域的集聚点,也是带动各级区域发展的中心城镇。"轴"是在一定的方向上连接若干不同级别的中心城镇而形成的相对密集的人口和产业带。由于轴线及其附近地区已经具有较强的经济实力和较大的潜力,又可以称作"开发轴线"或"发展轴线"。该轴线通常是指重要线性基础设施(交通干线、能源输送线、水源、通信干线等)经过附近有较强的社会经济实力和开发潜力的地带,对周围地区有吸引作用和扩散作用。可用点轴开发理论来解释多层级综合运输通道体系的形成发展。

1. 单一方式运输通道

根据点轴开发理论,通道通常位于地区条件较好的区位,覆盖联通各级中心地、各级区域的集聚点、各级区域发展的中心城镇。以具有良好发展条件及前景的长大交通干线为主的线性基础设施束,作为一定范围区域的主要发展轴线,带动直接处于轴线上的基础条件良好、优势明显和市场前景良好的城市、城镇郊区、农业园区、工矿区、交通枢纽、港口、郊区农业率先发展。如图2-3所示,A、B两点率先出现了工矿居民点或城镇,在A、B之间建设了交通线路。此阶段运输通道内交通线路数量较少,运输方式也较为单一,客货运输需求范围以通道上的城市为主,对周边地区的辐射带动能力有限;通道上的城市、城镇等设施及人口的规模较小,客货运输量的规模也不大。

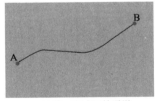

a) 两个城市　　　　　　　　　b) 单一方式运输通道

图2-3　点轴开发理论下的单一运输方式通道示意图

2. 综合运输通道

随着城市经济实力不断增强,A—B的沿线成为发展条件好、效益水平高、人口和经济技术更为集中的发展轴线,A、B点形成更大程度的集聚,A、B之间的其他点形成新的集聚中心。此阶段通道内线路种类和数量开始增多,逐步由单一方式、单线路的运输通道向多方式、多线路的综合运输通道转变,运输能力也得到增强,见图2-4。

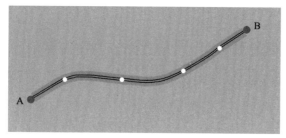

图 2-4　点轴开发理论下的初级综合运输通道示意图

3. 多层级的综合运输通道体系

综合运输通道内的干线延长或延伸出的支线与新经济点衔接贯通,形成次级点轴,见图 2-5。新经济点发展、人口规模逐步壮大,形成次级通道,并且随着次级通道内的交通线路种类、数量增多形成次级综合运输通道,同时带动干线综合运输通道流量的增长。多重等级的经济点和轴线形成多层级多元化的综合运输通道体系。

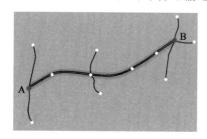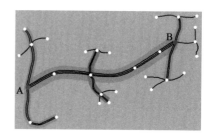

图 2-5　点轴开发理论下的多层级综合运输通道体系示意图

二、集聚扩散理论——综合运输通道范围扩展

根据集聚扩散理论,在高度工业化社会条件下经济增长在空间上不是均匀分布的,而是形成了工业生产集聚,该地点称为"区域的社会经济中心"。区域的社会经济中心一般表现为各种类型的城市、金融中心、矿区、港口、机场、行政管理中心等。为提高产品的生产效率,社会经济活动及相关要素在区域社会经济中心等空间上集中而产生效益。串联了多个区域社会经济中心的综合运输通道,通过吸纳周边地区的各种资源要素增强了经济实力,综合运输通道内线路数量和种类不断增多,通道沿线上的区域社会经济中心和周边区域经通道进出的旅客和货物规模迅速扩大,见图 2-6。

根据克里斯塔勒的中心地理论,空间中的事物从中心发源,向外扩散是客观规律。综合运输通道上的众多区域社会中心向周围环境输送和扩散物流、资金流、人流、信息流、技术流,从而带动这些地区的发展。在以上因素的作用下,区域社会经济中心所在的综合运输通道同周边区域形成双方向的交通需求,且通道中的交通线路数量、种类、等级均得到增多和提高,通道运输能力从弱到强,运输服务产品从少到多,综合运输通道的辐射范围也进一步向外拓展,见图 2-7。

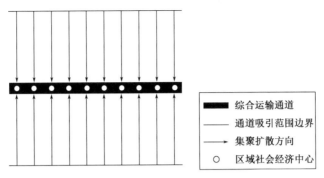

图 2-6　综合运输通道对周边地区的吸引集聚示意图

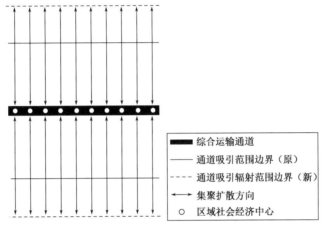

图 2-7　综合运输通道同周边区域集聚扩散示意图

三、时空压缩理论——综合运输通道拉近沿线地区时空距离

综合运输通道是时空压缩理论应用、影响现代社会人际交往和生产组织关系的重要载体。综合运输通道的覆盖连通是地区间打破空间对人、对事隔离的关键要素。尤其是综合运输通道中的交通方式种类、线路配置、运载装备科技水平等，直接影响空间组织紧凑性。综合运输通道的发展，压缩了沿线城市和地区间的时空距离。民航、高铁等交通技术革新导致旅客、货物在综合运输通道内运行的时间更短，或者在既定的时间内经综合运输通道能够达到更远的地方。

专栏 2-5　京沪通道时空距离的改变

1949 年，北京、上海之间铁路分为北中南三段，北段为京哈铁路北京至天津段（京津铁路），中段从天津到江苏南京浦口（津浦铁路），南段从上海到江苏南京（沪宁铁路），且需经过南京铁路轮渡通航。旅客列车全程运行时间 36 小时 50 分。仅火车过江这一过程就要耗费 3 小时左右。

> 1968年，南京长江大桥通车使得原来分段运行的京津、津浦、沪宁铁路连为一体，形成了一条连续的京沪铁路，成为联通南北的重要运输通道。大桥的开通也使得京沪间旅客列车不用再通过轮船摆渡，大大提高了运输效率，京沪全程旅行时间缩短为21小时34分，压缩到一昼夜以内。
>
> 21世纪初，承担京沪之间旅客列车牵引任务的机车由蒸汽机车改为内燃机车，再经过2007年4月18日全国铁路第六次大提速，北京至上海的列车开行速度最高可达250公里/小时，全程旅行时间压缩到了10小时以内，形成了京沪"夕发朝至"快速运输通道。
>
> 2011年，京沪高铁开通，京沪间最短旅行时间为4小时48分。2017年京沪高铁"复兴号"中国标准动车组按时速350公里运行，全程运行时间压缩到4个半小时，进一步拉近了京沪之间的时空距离，京沪铁路实现"千里京沪、一日往返"。

四、流动空间理论——综合运输通道将地区联入更大范围网络

所谓流动空间，是指围绕人流、物流、资金流、技术流和信息流等要素流动而建立起来的空间，该空间以信息技术为基础的网络流线和快速交通流线为支撑，创造有目的、反复的、可程式化的动态运动。流动空间利用节点将不同流向的各种流动要素相互连接起来，实现流动循环。以曼纽尔·卡斯特为代表的流动空间理论认为，世界城市应该被抽象成网络中的"流动空间"，是城市网络中的关键节点而不是具体的场所；城市作为网络中一个节点的价值，在于城市和其他节点之间相互作用关系，这种作用关系决定了城市的地位。曼纽尔·卡斯特在其著作《信息城市》《网络社会的崛起》中提出，交通和通信技术的发展使得部分产业或服务不再与其所在地的社会经济发展保持密切的联系，或不再以为其所在地的"供养"人口服务为主业，其服务辐射范围也远远超过了当地居民的出行能力和"供养"能力。

交通基础设施是流动空间的基础条件，支撑人流物流在不同空间维度上得以实现，进而改变地方空间的竞争优势，成为人与自然耦合系统的重要耦合机制。流动空间强调时间的重要性，运行速度快、运输能力大的综合运输通道在流动空间中发挥着更加重要的作用。综合运输通道打破地方空间对生产和组织空间固定的局限，将不同地区的旅客和货物等要素串联起来，并在通道内加速流动，形成流动空间，不同地区的生产经济活动均可经综合运输通道进入更大范围的生产联系网络，形成城市间的产业分工协作，实现资源优化配置和区域经济一体化发展。

第三节 综合运输通道内线路节点间作用机理

一、综合运输通道能级与城市等级匹配关系

城市是人类生产生活的重要载体，是人口、生活设施、生产物资、企业的主要集中区域，也是生产、分配、交换、消费等社会再生产过程最为活跃的地区。城市等级越高，在区域中地位越

高,对人口聚集吸引的能力越强,旅客出行和货物运输需求越旺盛,对综合运输通道的通达性、运输能力、运输服务种类和品质的要求也越高,需要较高级别的综合运输通道与之连通匹配。

通道内线路数量、技术等级与城市规模相互匹配,见图2-8。区域中心城市之间派生的客货运输需求诱发最高等级综合运输通道形成。区域中心城市和区域次中心城市之间多形成次高等级的综合运输通道。区域次中心城市和普通城市之间以多条交通线路连接。普通城市之间可能以单一交通线路连通。例如,北京、上海两座城市之间的经济联系十分紧密,规模庞大的客货运输需求通过能力强大的京沪通道进行运输,相比而言,上海至长沙综合运输通道上的城市,在经济体量、经济互补程度等方面均弱于北京至上海通道沿线,北京至上海综合运输通道的级别要高于上海至长沙综合运输通道,通道内交通线路数量、线路等级、客货运输量规模也要大于后者。

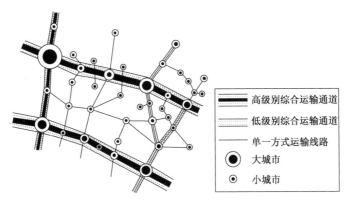

图2-8 综合运输通道与城市等级匹配示意图
资料来源:陆大道.区域发展及其空间结构.北京:科学出版社,1998。

专栏2-6 京沪综合运输通道覆盖连通众多大城市、特大城市

京沪综合运输通道覆盖连通了京津沪三大直辖市和南京、济南两座省会城市以及其他地级市,拥有4个超大城市和6个特大城市,通道覆盖人口超过1.5亿人,2019年通道沿线城市地区生产总值超过15万亿元。

京沪综合运输通道是一条经济实力雄厚,辐射能力极强的轴线。配备有京沪高铁、京沪高速公路、京沪普铁等众多高等级交通线路,多项当时的最新技术均应用在以上线路的建设中。京沪普铁是我国铁路第六次提速中第一批全线运行时速达到200公里/小时以上、部分路段达到250公里/小时的铁路线路;京沪高铁是我国第一批建成的设计时速380公里/小时、运行时速350公里/小时的高铁线路,是世界上一次建成里程最长、技术标准最高的高速铁路;京沪高速公路是我国最先开工建设的一批高速公路,也是我国最先开始实施双向六车道改建为双向八车道的高速公路项目。同时,京沪高铁是我国复兴号动车组、和谐号动车组等先进运载装备最先应用的通道,这是17辆编组的超长版"复兴号"动车组首次投入生产运营的通道。

在高等级交通线路、高性能技术装备、高水平运输组织等共同作用下,京沪综合运输通道形成强大的运输能力,并完成了超大规模的运输。2019年全线运送旅客2.15亿人次,占全国铁路旅客发送量的6.0%;旅客周转量956.1亿人公里,占全国铁路旅客周转量的6.6%。

二、综合运输通道功能与枢纽场站的关系

1. 枢纽场站功能对综合运输通道的影响

枢纽场站是综合运输通道线路上客货流中转集散、换乘换装之地,也是旅客和货物进出综合运输通道的节点,还是机车、汽车、船舶、飞机等载运装备上下客货的场所。特别是衔接了两种及以上运输方式的综合交通枢纽,为各种运输方式无缝衔接和联程联运提供换乘换装服务。枢纽场站的数量规模、功能布局、多个场站之间的合作竞争等直接关系着综合运输通道运行效率以及对旅客、货物的吸引范围和服务能力,进而影响到综合运输通道的发展。各种运输方式在枢纽场站内衔接得越紧密,换乘换装效率越高,综合运输通道客货运输吸引能力越强,服务范围也就越广。

专栏2-7 沿江综合运输通道中的港口

沿江综合运输通道连通了上海、南京、芜湖、九江、岳阳、武汉、重庆等城市,形成以长江航运干线为主、铁路公路管道为组成、沟通东中西地区的运输走廊。

依托长江黄金水道,众多长江沿线城市大力建设港口和发展航运。2019年沿江综合运输通道上的内河主要港口以及上海港、南京港、苏州港、镇江港、南通港等沿海主要港口货物吞吐总量达到32亿吨、集装箱吞吐总量达到6100万标箱。

专栏2-8 沿江综合运输通道黄石段的铁路站

武九高铁是沿江综合运输通道黄石段的组成线路,黄石北站是武九高铁(武黄城际铁路)两台四线、站房建筑面积3955平方米的标准城际铁路站,伴随铁路线功能调整被用作高速铁路站。武九高铁于2017年9月开通运营,一年后线路利用率达到设计能力的1/3左右。黄石北站旅客出行需求十分旺盛,旅客到发量较大,站场和站房能力十分紧张,2018年黄石北站日停靠车辆数是最大停靠能力的73.1%,站房规模偏小,实际最高聚集小时人数、单日旅客发送量是设计能力的3.2倍,乘客进出站拥挤,服务水平低,见下表。黄石北站的能力不足,一定程度上抑制了武九高铁黄石旅客出行需求,进而影响了沿江综合运输通道黄石段的旅客运输规模和结构。

2018年黄石北站站场、站房实际运行及设计能力情况

站场日停靠能力(对)		站房最高聚集小时人数(人)		单日旅客发送量(人)	
最大设计	实际	设计	实际	设计	实际
52对	38对	700	2240	7000	22400

---

2. 枢纽场站间距对综合运输通道的影响

枢纽场站间距显著影响综合运输通道的功能、运行速度、运输能力、吸引辐射范围。场站

或出入口间距在一定程度内缩小,有助于吸引更多的客货流向通道集聚,扩大通道的吸引辐射范围,缩短乘客货物的接驳距离,如适当增加高速公路出入口,可增加车流量,方便车辆驶入驶出高速公路。但同时,通道也会面临枢纽场站数量增多而增加工程费用、列车在多个铁路站减速进站供乘客货物乘降从而降低了在通道中的整体运行速度等问题。通常设计速度高的交通线路站间距要明显大于设计速度低的交通线路站间距,如运行速度250公里/小时高铁线路的场站间合理距离大于32公里,运行速度300公里/小时高铁线路的场站间合理距离在50~60公里,运行速度350公里/小时高铁线路的场站间合理距离在60~70公里。

通道中不同运输方式线路站间距影响着通道内的方式分担。铁路站间距在一定范围的适当缩小,使得铁路承担的旅客货物运输从中长距离扩展到部分短距离运输,与公路之间的竞争关系将增强,如城际铁路车站间距一般为5~20公里,明显低于高速铁路,与同一通道中短途道路客运形成竞争。在铁路只经停重点铁路站、开行大站快车的情况下,铁路与通道内的民航航线形成竞争,如京沪高铁采取一般只停2站或3站的大站快车模式,北京和上海间的铁路时间缩短至四个半小时内,同京沪民航航线的竞争更加激烈。

第四节 综合运输通道内不同运输方式间作用机理

一、不同运输方式线路的优势运距

综合运输通道内配有两种及以上运输方式,运输对象对运输能力、运行速度、碳排放、安全、便捷、舒适、价格有不同要求,可以选择不同方式线路,进而推动通道内各种运输方式线路实现合理分工。

铁路在运量、可靠性、价格、环保等方面优于其他运输方式,随着铁路机车性能(载客载货量、运行速度等)提升、铁路网覆盖范围的扩展,铁路货运在中长距离运输中仍具有明显优势,实际平均运距超过660公里且稳中有升;铁路客运运距向500公里以内范围拓展的趋势愈加明显,实际平均运距由2008年的532公里降到2021年的367公里,见图2-9。

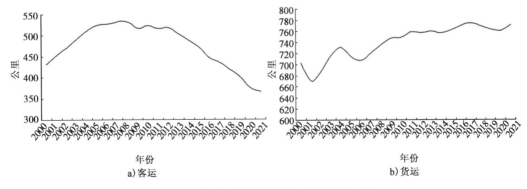

图2-9 我国铁路客运和货运平均运距变化情况

公路线路主要服务中短距离的旅客出行和货物运输,在 200 公里范围内相对其他方式具有明显的机动、灵活性的优势,可实现"门到门"的运输。水路运输运量大、成本低,适用于中长距离、对运输速度要求不高的货物。管道由于技术特征的独特性,运输的货物种类主要集中在天然气和原油、成品油。民航机场在长途运输中的优势十分明显,运输对象主要为商务旅游出行的旅客或附加值较高、快递等对运输时效要求较高的货物,近年来我国民用航空货运平均运距持续增长,受新冠肺炎疫情影响,民用航空客运平均运距自 2020 年以来缩短,见图 2-10。

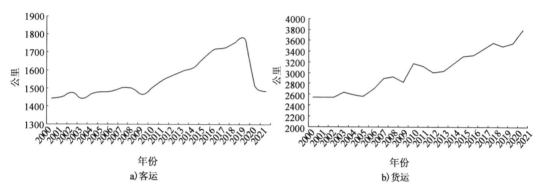

图 2-10　我国民用航空平均运距变化情况

二、不同方式、类型交通线路竞争合作关系

综合运输通道中不同运输方式线路的功能互相影响,呈现此消彼长的态势。如我国道路客运起步较早,在早期的综合运输通道客运结构中占据主导地位,随着通道内高速铁路、城际铁路的建成通车,传统道路客运量在综合运输通道客运总量中的占比萎缩。相同运输方式、不同类型的交通线路功能随着新交通线路建成也会出现功能转移的情况。如高速铁路建成后,原来普速铁路的大部分客运将转移到运行速度更快、舒适度更好、准点率更高的高速铁路上。另一方面,通道内交通线路之间也需要互补串联,完成客货多方式的联合运输,尤其是随着旅客联程联运、货物多式联运发展,构建"门到门"便捷顺畅的旅客出行链、快速高效的全程物流链成为重要发展目标。

专栏 2-9　雄安新区运输系统组织模式研究方案

1. 客运系统

客运交通包括新区对外出行、组团间出行、组团内出行三个层次,涉及铁路、公路、民航、水运、管道等多种交通方式。

其中,对外客运出行主要是新区至北京、保定、石家庄、天津、济南 5 大方向,以及新区至霸州、任丘等周边城镇和北京新机场等周边机场,主要有 4 种出行组织方式(出行链),即:

(1)城市公交+高铁(城际)客运出行链。具有快速集约、绿色环保等优势,但两端换乘要求高,按照新区交通发展理念和组织模式要求,应成为新区对外出行方式的主体。

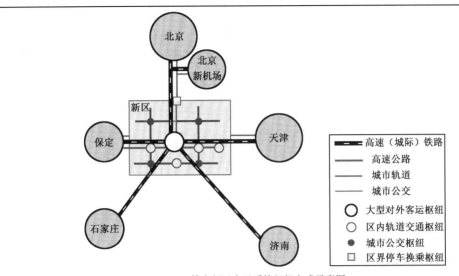

雄安新区客运系统组织方式示意图

（2）小汽车门到门出行链。机动灵活、个性化优势突出,但在交通资源占用、碳排放、运行速度(通达时间)等方面劣势明显,并可能受新区内小汽车限制政策影响,是新区对外出行的重要方式。

（3）城市公交＋小汽车出行链。服务于外来小汽车通过"P＋R"停车场换乘新区公共交通,可减轻对新区内部交通和环境的压力,机动灵活、个性化方面仍有一定优势,但在运行速度、衔接换乘方面存在劣势,而且需要在新区外围设置一定规模的"P＋R"停车换乘枢纽。

（4）城市公交＋公路客运(城际公交)出行链。在运行速度、衔接换乘方面劣势明显,但具有成本费用低、覆盖范围广的优势,可作为高铁(城际)出行不便区域的补充。

2. 货运系统

包括对外货运和区内货运。其中,对外货运包括高端制造业货物和生活物资,通过民航、铁路、公路、水运等多种运输共同完成。

（1）高端制造业货物对外运输组织方式。该类货流量较小、货物形态不定,部分货物具有附加值高、时效性强、"门到门"需求突出的特征,货运需求主要源自新区内企业、科研机构等开展小批量实验、试制及科学研究等,包括精密仪器、化学试剂、电子产品等。该类货物货源地分散、目的地多样,以京津冀、长三角及珠三角等制造业较发达的地区为主,也包含一部分国际运输。不同货物根据实际需要选择综合效益最高的组织模式,货物一般使用标准化运载单元装载,优先在城市外围物流园区集结,短距离以公路运输为主连接北京、保定、石家庄等地,具备条件的可采用甩挂运输模式;中长距离采用公铁联运、高铁快运模式;远距离或境外则可采用陆空联运模式。另外,部分特殊需求的货物也可直接进出城市内部,无须经过城市外围物流园区中转。

（2）生活物资对外运输组织方式。该类货流流量较大、频率较高、货物形态多样、货物品类相对确定,对外运输中主要采用集装箱、厢式半挂车等标准运载单元作为载体,货物主要服务于城市居民的日常生活、工作、商购需求等。货类涵盖了粮食蔬菜、食品饮料、皮包服饰、家电、家具建材、快件包裹以及贵重奢侈品等。生活物资的货源地较为分散,以保定、石家庄、

> 天津等地为主,也包括来自国内其他省份、国际的消费品。不同货类由于对运输时效、质量、安全、温控、装载方式的要求有所差异,对外干线运输组织模式相对较为多样,但绝大部分优先采取在城市外围物流园区集结中转,干线运输模式上主要依赖公路甩挂、铁路快运、公铁联运等模式,远距离运输或时效要求高的货物可采用陆空联运模式,进出口货物依托天津等港口采用陆水联运模式。

综合运输通道内不同方式、类型交通线路竞争合作关系的演化,主要取决于两个因素,即运输需求和技术进步。运输需求从需求端,出于旅客出行和货物运输对费用、时间、便利性、可靠性、舒适性等偏好,对交通方式和线路作出选择,如对运输时间和品质要求较高、对运输费用不敏感的客货运输需求通常选择高速公路、高速铁路、民航出行或运输,对运输经济性要求较高、对便利性不敏感的客货运输需求通常会选择普通干线公路、普速铁路、水运。技术进步从供给端,通过改变交通线路技术经济特征或者优化运输组织,直接影响交通线路间的竞争,如通过实施普速铁路速度提升工程或修建标准更高的铁路线路,使得铁路在同通道中其他交通方式线路的竞争中占据优势。

第五节 综合运输通道发展新趋势新特征

一、多因素作用下的综合运输通道功能演变规律

综合运输通道服务于地区经济社会的发展,满足旅客出行和货物运输需求。不同地区、同一地区不同时期的经济规模、产业结构不同,导致综合运输通道在客货功能有所侧重,线路种类及配置呈现差异化特征。其中,连通煤炭、矿石、粮食、钢材等主要物资集散地和港口、铁路货运站等主要货运设施的综合运输通道以货运功能为主,多配置铁路、水运等大运量货运线路;连通旅游集散地、商业中心等人流主要聚集地和铁路客运站、机场等主要客运设施的综合运输通道则以客运功能为主,多配置高速铁路等大运量客运线路。此外,综合运输通道内的线路数量、等级同连通覆盖的城市规模类型也密切相关。

1. 综合运输通道功能演变的主要特征

从线路构成看,通道线路构成呈现多样化、复杂化的趋势。由单一运输方式运输通道逐步向综合运输通道转变是运输通道发展的普遍规律。通道沿线地区经济规模增长、经济结构调整、消费结构升级、人民生活水平提高等变化将推动通道交通运输需求增长,使得通道由单方式、单线路、低等级交通线路构成向多方式、多线路、高等级的多层次交通线路转变,高速铁路、城际铁路、普速铁路、高速公路、普通干线公路、高等级航道等多条交通干线在同一综合运输通道内配置的现象将更为普遍。在国际、国家、省级综合运输通道局部繁忙段,在重点城市群(都市圈)间的综合运输通道,会有两至三条高速铁路、多条城际铁路和市域(郊)铁路、若干条高速公路同时配置的情况。

从影响范围看,通道辐射吸引范围将从小到大、由近及远扩展。通道中交通线路数量和种

类不断增加、交通枢纽场站能级不断提升所产生的集聚效应持续增强。当集聚规模超过一定限度时,集聚机制所产生的经济效益将减少,扩散机制的作用更加突出,人员物资将会向周边地区扩散,以降低或避免交通拥堵、时间成本上升、生态恶化等集聚不经济。这将推动通道范围沿发展轴线向通道两端延伸,使通道辐射长度更长,或向通道两侧拓展,使通道辐射半径更宽,从而实现对更多城市、乡镇、工矿区、景区景点等经济节点的覆盖联通。

从功能结构看,通道内各种运输方式间相互作用关系将从简单到复杂、从低级到高级。方式间、线路间的分工将更加清晰、协作更加紧密、结构更加优化,各方式的组合效率和整体优势更加突出。客运方面,通道旅客中长距离出行中具有运行速度快、准点率高、安全性好等特点的高速铁路,和在空间、时间、运行等方面具有机动灵活特点的高速公路,在众多通道中配置更加广泛,并在通道客运总量中占有更高比重,城际铁路和市域(郊)铁路在通道沿线城市群、都市圈内中短距离旅客出行中的作用更加突出。货运方面,具有运量大、运费低、耗能少、安全可靠等优势的水运、铁路和管道承担更多的大宗货物运输及中长距离货物运输,公路因其灵活性而更加适宜通道沿线区域中短距离、大批量、多批次、高附加值、高时效性的"门到门"货物运输。

2. 影响综合运输通道功能演变的主要因素

从需求端看,包括通道沿线需求(产业、人口、城市发展等),从供给端看,包括技术进步(如高铁)、交通线路布局、生态环保要求等。这些因素将影响通道的线路组成、影响范围、功能类型等。

需求方面,综合运输通道沿线节点城市的经济社会发展水平是影响通道需求的最重要因素,见图2-11。城市人口、经济体量的大小和发展水平的高低直接代表通道腹地的客货需求生成能力的强弱,超大城市、特大城市、大城市越多,经济越发达,人口总量越大,城镇化水平越高,居民收入越多,通道的运输需求规模通常越大。通道沿线城市的人口年龄结构、性别构成、产业结构、产业和人口空间分布、城市间经济联系紧密程度、资源种类等因素,将影响通道客货运输功能类型以及旅客和货物的出行(运输)距离、出行频率、出行(运输)方式选择、对外交流主要方向等出行(运输)特征。第三产业规模越大、在国民经济中占比越高,旅游资源越丰富,节点城市间经济联系越紧密的通道,旅客出行需求越旺盛,客运功能越突出。覆盖煤炭等矿产资源富集地、主要工业园区和重要港口、铁路货运站和大型物流中心,第一产业和第二产业发展基础好、在经济结构中占比高、未来发展潜力越大,城市间资源产业互补性越强的综合运输通道,货运功能越突出。

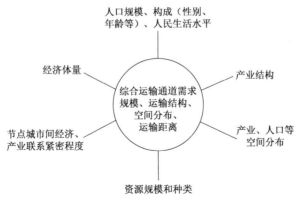

图2-11 影响综合运输通道需求的主要因素

从供给端看,通道沿线自然地理条件、通道内交通线路、场站等交通设施规模和种类、衔接换乘换装效率,交通基础设施建造、交通装备制造和运输组织等技术水平,以及生态环境的变化,都将对综合运输通道的功能产生影响,见图2-12。自然条件和区位条件是综合运输通道形成和演化的基础,影响综合运输通道的通行能力、方式构成、线路走向及枢纽定位,自然条件和区位条件优越的地区易率先形成大能力的综合运输通道。技术水平是推动综合运输通道功能演变的关键因素,高速公路、高速铁路、超级高铁等交通方式进步以及桥梁隧道等交通建造技术的革新,使得通道内交通线路的路径将趋于直线化,新型交通载运工具的研发和应用,客货分线、分时段通行等交通调度组织实施使得旅客和货物运行速度、规模等在通道中的运行特征发生改变。综合运输通道建设和运行对土地、空气、水源等环境产生影响,资源环境反作用于综合运输通道建设和运行的承载能力,二者之间的和谐共存程度均会对综合运输通道的走向、线路构成、建设时序产生影响。

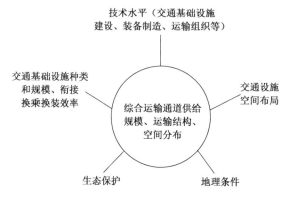

图 2-12　影响综合运输通道供给的主要因素

> **专栏 2-10　沿海通道功能转变**
>
> 根据《综合交通网中长期发展规划》(2007—2020年),南北沿海运输大通道以货运功能为主。货运方面,水运形成完善的沿海煤炭、集装箱、矿石和油气运输系统以及相配套的铁路、公路和内河集疏运系统。重点建设大连东北亚国际航运中心、天津北方国际航运中心和上海国际航运中心,以及环渤海、长江三角洲和珠江三角洲矿石及油气运输中转枢纽,"北煤南运"中转装卸系统。管道重点建设中俄油气管道、庆锦原油管道、甬台温成品油管道、东北天然气管网干线管道、闽粤成品油管道和日照—仪征原油管道。客运方面,铁路发展东北以及华东连接南部沿海的客运专线以及海南海口至三亚东环铁路,东北至长江三角洲地区铁路通道贯通,宁波至厦门铁路客运专线建成。其中,铁路客运专线设计时速仅为200公里/小时(后提速至250公里/小时),铁路线路及站场、信号灯相关设施设备均预留了货运功能。
>
> 通道发展过程中,沿海运输通道南北方向客运能力不足问题日益凸显。沿海地区,尤其是经济较为发达的东南沿海地区,旅客出行需求增长速度明显快于货运需求。该通道内的铁路线路成为我国旅客列车运行最为密集的线路之一,是率先实现盈利的客运专线之一,但通道内最高运行速度为250公里/小时的甬温铁路、温福铁路、福厦铁路、厦深铁路等运输能力有限,工作日及节假日旅客出行一票难求。以2016年为例,由以上线路构成的东南沿海高铁日均发送旅客81.8万人,日均开行动车组622列,平均客座率达80%以上。

为解决沿海综合运输通道的上述问题,增强通道的客运功能,《国家综合立体交通网规划纲要》《"十三五"现代综合交通运输体系发展规划》规划的长三角—粤港澳主轴、沿海运输通道,除包含之前规划的线路外,还包含了速度更快、可大幅提升客运能力的宁波至深圳高铁(新线)等交通线路,其中福州至厦门段已于2017年开工建设。

二、运输需求变化——新型旅客出行方式和货物配送方式

旅客出行对时效性、舒适性、安全性的要求越来越高,客运服务将呈现多方向、多路径、高品质的特征。未来高速铁路(城际铁路)、超级高铁、智慧高速公路等新型交通基础设施将大幅提升通道客运能力。运输机场数量的增多,以及飞行汽车等新型交通工具的研发应用,将进一步弱化地理条件对综合运输通道的限制,通过开辟新的空中旅客运输线路,改变综合运输通道的格局。

货物运输呈现快速化、多频次、高附加值的趋势,时效性较高的货运需求增长迅猛。以综合运输通道作为载体的快速铁路/高速铁路/卡车列车等新型货运方式在货物运输中更加普遍,部分以快速客运功能为主的综合运输通道可能向客货并重转变。此外,无人机、自动配送终端等智能装备使用,一定程度上会打破自然条件制约,形成新的通道线路。

三、重大战略和政策实施

重大战略、规划、政策等是影响综合运输通道走向、线路配置、枢纽场站空间布局的重要因素。如雄安新区的建设,吸引大量的资金、人员、建设装备和生活物资向其聚集,使得各种运输方式线路、枢纽场站布局将其作为重要节点加强联通,从而形成新的综合运输通道。再如长三角、京津冀等城市群一体化发展,多形成以高速铁路、高速公路等快速大运量线路为主的城际综合运输通道,以缩短时空距离。

专栏2-11　　雄安新区成为国家战略,京霸铁路线路走向、站场设置及名称调整

2015年《国家发展改革委关于新建北京至霸州铁路可行性研究报告的批复(发改基础〔2015〕3166号)》明确了京霸铁路线路的走向及设站情况。2017年4月1日,中共中央、国务院印发了设立国家级新区河北雄安新区的通知。落实国家战略部署,2018年《国家发展改革委关于新建北京至雄安城际铁路调整可行性研究报告的批复(发改基础〔2018〕263号)》明确了北京至霸州铁路改为北京至雄安铁路,永清西和霸州两个城际铁路站改为固安东站、霸州北站、雄安站三个城际铁路站,铁路线路的走向、名称和铁路站的数量、名称均发生了调整。

四、生态环境保护

面临的环境要求愈加趋紧,将使得综合运输通道在建设和运营过程中更加重视资源集约

节约利用、节能低碳发展、生态保护和污染防治,实现与生态环境的和谐共生。

在资源集约节约利用方面,综合运输通道将通过系统科学地统筹通道内线路配置和枢纽设施的共建共用、立体化布局,节约土地、岸线、过江桥位、隧道等不可再生资源,减少对耕地和基本农田的占用和对地域的分割,提高资源利用效率。综合运输通道设施规模、结构同运输需求和结构的匹配度更高,运输需求旺盛的通道将拥有更多数量、更高等级的交通线路和枢纽场站,不同运输方式线路在通道和枢纽场站的集中立体布局更加普遍,如跨区域中长距离旅客出行和沿线城市群都市圈旅客城际短途出行需求均十分旺盛的综合运输通道,同时配置高速铁路、城际铁路和市域(郊)铁路。运输需求增长有限的综合运输通道,则尽可能利用既有设施,如能力富余的高速铁路线路通过有效的交通组织开行城际列车、同时承担中长距离运输和中短距离运输任务,通过功能多样化提升设施的利用效率。

在节能低碳发展方面,通道运输结构将持续调整,新能源、清洁能源载运工具和铁路、水运等运输能力大、碳排放低、环境污染小的交通方式将得到更加广泛的应用。运载工具组织方法不断创新、工具节能环保技术水平取得明显进展,载运工具在通道中的运行效率大幅提高,小汽车和货车实载率将显著改善。

在生态保护和污染防治方面,生态环保理念将贯穿综合运输通道规划、建设、运营和养护全过程。生态选线、环保设计、生态工程等新技术、新工艺、新材料将广泛应用,尽量减少对自然保护区、风景名胜区、珍稀濒危野生动植物天然集中分布区等生态敏感区域的影响,尽量减少通道建设和使用给环境带来的负面作用。生态保护、水土保持、生态修复等措施将得到严格落实。沿江、沿海、沿河等区域的综合运输通道船舶溢油风险防范和污染排放控制将得到加强,陆路综合运输通道的噪声、振动和大型机场噪声影响将得到进一步减缓。

五、技术进步

综合运输通道建造技术、交通装备制造技术、运输运营组织技术水平都将影响综合运输通道发展。高速公路、高速铁路、车站、机场等的冻土、抗震、多方式桥位共用等建造技术不断创新,新型施工装备的研发和使用,使得综合运输通道克服各种自然障碍的能力增强,通道结构也变得更加复杂,通道内的路径和枢纽引入的线路也将逐渐增多。在最快运行速度、最短运输距离、最小运输费用的目标指引下,桥梁、隧道等重大交通基础设施的设计水平和施工建设能力提升将为改善综合运输通道的顺直程度提供支撑,通道内交通线路的路径有望更趋于直线化、线路长度进一步缩短。

通道交通设施智慧化程度加深、新型交通载运工具和特种装备研发应用将大幅提升通道运输能力和品质。大数据、互联网、人工智能、区块链、超级计算等新技术在通道建设和运行中深度融合,形成泛在先进的通道交通信息基础设施,3万吨级重载列车、时速250公里级高速轮轨货运列车、时速600公里级高速磁悬浮系统、时速400公里级高速轮轨(含可变轨距)客运列车系统、低真空管(隧)道高速列车、智能网联汽车(智能汽车、自动驾驶、车路协同)、智能船舶、新能源船舶等载运工具研发制造技术突破,将使得综合运输通道的效率更高,舒适性、安全性迈上新的台阶,极大程度提升综合运输通道的整体运输能力、运输效率和服务品质。

通道交通调度运行组织方式进步带动通道运行状态变化。铁路运输组织、高速公路和普通干线公路客货分离等组织方式创新,将缩短铁路、公路、船舶的发车间隔、行车间距和过闸过坝的等待时间,实现旅客和货物在运输通道具有更高的运行速度、更远的经济运距、更好的安全性和绿色性。铁路站、机场、综合客/货运枢纽等交通场站的调度组织优化,将使得旅客换乘舒适度和换乘预留时间、货物换装效率和停留时间等在枢纽的运行状态和特征发生改变,影响枢纽场站规模、功能布局、对旅客和货物辐射吸引范围、乘客出行和货物运输方式选择,从而对综合运输通道的客货运输需求规模、运输结构等产生影响。

六、综合运输通道功能演变新趋势

1. 综合运输通道加速区域间人流物流,促进城市功能演变的作用将更加显著

区域产业结构调整升级和产业梯度转移、产业分工日益精细化、城市间经济联系愈加紧密的大背景下,未来综合运输通道在促进区域协调发展中的作用将更加显著。一是综合运输通道设施条件的改善将会弱化物理邻近性,极大提升相关要素在集聚过程中产业区位选择的灵活性,使得生产生活空间组合关系呈现多方案多样化的发展趋势。二是综合运输通道降低通道上各城市之间的互动成本,使"增长极"和"开发轴线"通过支配效应、乘数效应、极化效应与扩散效应对城市群经济活动产生组织带动作用,进而影响区域空间结构。三是综合运输通道发展情况将直接影响跨省市生产要素能否顺畅流动,众多城市将通过综合运输通道积极融入区域一体化进程。

专栏2-12　京津综合运输通道加速两市产业分工协作

配备有京沪高铁北京至天津段、京津城际、京沪普铁北京至天津段、京津高速公路、京津塘高速公路等众多线路的京津综合运输通道,推动了北京和天津两座城市的生产要素流动和分工协作。

借助京津综合运输通道运量大、速度快、效率高的特点,北京让更多的天津居民共享北京在教育、医疗、科技、旅游等领域资源丰富的优势,也有力促进了北京服务业、旅游业、零售业等第三产业发展。天津围绕"国际港口城市、北方经济中心和生态城市"的城市定位,抓住高速铁路、城际铁路开通后的京津同城效应,借助港口、新型工业区、保税区等独特资源,发挥土地存储量大、开发程度低、价格便宜等优势,积极承接北京的人才和产业转移,天津工业得到快速发展。

---

2. 综合运输通道由能力驱动向效率品质驱动转变,由传统的运输通道向交通产业通道、交通经济通道转变

在连通覆盖范围有限、能力滞后于经济社会发展的阶段,综合运输通道发展多注重强调广覆盖和大运力,提升单位里程的运输能力。在线路数量增加、速度提升后,通道运输能力的瓶颈被打破,客货运输需求追求更快速、更舒适、更经济、更便捷、更绿色、更安全,综合运输通道通过布设高等级线路、科学化的运营组织、采用智能化手段提高运载工具效率等方式,由注重增强能力向提高效率、提升服务品质转变。

未来综合运输通道在带动沿线地区经济社会发展、引导人口流动、加速城镇化进程、促进产业梯度转移、重塑国土空间新格局等方面将发挥更大作用。通过强化与沿线经济、产业园区、资源开发的深入融合,将实现由传统的"交通通道"向"交通产业通道""交通经济通道"转变。众多城市在综合运输通道线位选择时,倾向于将其布置在既有设施不多、土地开发强度较低地段,依托综合运输通道带动新区、高铁新城发展,实现土地价值和城市经济的快速增长;或者促进综合运输通道与沿线景点景区串联,突出通道对旅游资源的开发带动作用,形成交通旅游通道。

从经济学的角度来说,通道经济是在经济全球化和区域经济一体化背景下,依托良好的(或潜在的)区位条件、自然资源和人文条件,以交通通道优势、产业链纽带为基础,以接受区域核心经济区经济辐射和产业转移为途径,以参与区域经济合作和分工为手段,通过市场手段,构建城市走廊、产业走廊,实现产业向通道的集聚和扩散,从而实现通道区域的跨越式发展的一种区域经济发展模式。须依托便捷的交通联系,并在沿线区域和辐射区域内,进行相对系统性的经济融合、产业培育、资源开发等生产力布局,在一定程度上打破行政区域的条块分割。

3. 不同层级的综合运输通道分工更加清晰

(1)功能专业化。客货混跑的铁路线路向以货运为主的普速铁路和专供客运的高速铁路演变、实现客货分离。普通速度的客货运输将同快速、超高速的客货运输分线运输,从而最大限度地减少速度慢的载运工具因避让速度快的载运工具带来的通道运力运能损失。

(2)功能层级化。高级别的综合运输通道服务更大规模的长距离、跨区域甚至跨境的客货运输,如国际、国家综合运输通道。中级别的综合客货运输通道主要服务中、长距离的客货运输需求,在一定程度上是高级别综合运输通道长距离运输的补充,主要服务于周边区域范围内的客货运输,如省级综合运输通道。低级别的综合运输通道通常主要服务城市间、市内的短距离客货运输需求,如市级综合运输通道。

本章参考文献

[1] 董艳华.城市群交通规划的理论分析与政策建议[J].综合运输,2010,9:21-26.

[2] 高汝熹,罗明义.城市圈域经济论[M].昆明:云南大学出版社,1998.

[3] 康琳渭.城市群内外城际出行特征比较分析——以长三角城市群为例[J].综合运输,2015,(8):89-96.

[4] 李仁涵.我国大都市交通圈发展模式的研究——以上海大都市为例[D].上海:同济大学,2007.

[5] 陆大道.区域发展及其空间结构[M].北京:科学出版社,1995.

[6] 张文尝,金凤君,樊杰.交通经济带[M].北京:科学出版社,2002.

[7] 丁金学,金凤君,王姣娥,等.高铁与民航的竞争博弈及其空间效应——以京沪高铁为例[J].经济地理,2013,33(5):104-110.

[8] 吴旗韬,张虹鸥,叶玉瑶,等.基于交通可达性的港珠澳大桥时空压缩效应[J].地理学报,2012,67(6):723-732.

[9] 刘贤腾,周江评.交通技术革新与时空压缩——以沪宁交通走廊为例[J].城市发展研究,2014(8):56-62.
[10] 周恺,刘冲.可视化交通可达性时空压缩格局的新方法——以京津冀城市群为例[J].经济地理,2016,36(7):62-69.
[11] 吴琪.运输通道与经济带互动关系综合分析与研究[D].兰州:兰州交通大学,2014.
[12] 戢晓峰,陈肖雨,吴寄石.综合运输通道中公路客运的优势运距测度——以云南省为例[J].经济地理,2019,39(3):93-99.
[13] 卞长志,陆化普.综合运输通道客流量分担模型研究[J].武汉理工大学学报(交通科学与工程版),2009,33(4):611-614.
[14] 杨鹏.通道经济——区域经济发展的新兴模式[M].北京:中国经济出版社,2012.
[15] 国家铁路局.高速铁路设计规范[S].北京:中国铁道出版社,2014.
[16] 国家铁路局.城际铁路设计规范[S].北京:中国铁道出版社,2015.
[17] 中共中央国务院.国家综合立体交通网规划纲要[M].北京:人民出版社,2021.
[18] 国务院."十三五"现代综合交通运输体系发展规划[EB/OL].[2017-02-28].https://www.gov.cn/zhengce/zhengceku/2017-02-28/content_5171345.htm.
[19] 国家发展和改革委员会.综合交通网中长期发展规划[EB/OL].[2007-11-14].https://www.ndrc.gov.cn/fggz/zcssfz/zcgh/200906/t20090605_1145664.html.

第三章

综合运输通道功能评价与系统配置

综合运输通道功能评价和系统配置是综合运输通道规划的核心内容和关键技术方法。以往研究中，功能评价更多侧重于需求相匹配和费用可承担，现在的评价维度则更加多元和综合，更加注重国土相协调、生态可持续，由此也形成基于多目标导向的综合运输通道系统配置方法。不同类型综合运输通道，功能评价和系统配置的技术路线基本一致，但在侧重点、具体方法上存在一些差异。

第一节 综合运输通道功能评价框架

综合运输通道功能评价，是分析通道现状、监测通道运行和优化通道系统配置的重要基础，为通道现状评价和问题诊断提供结论，评价指标还可转换为规划指标。主要包括对综合运输通道的通行能力、通行效率、服务水平、影响范围、生态环保水平、对沿线经济社会带动作用等方面的评价。时间范围包括综合运输通道的全生命周期，覆盖规划设计、建设、运营、养护等多个环节，对通道开通运营后不同阶段（近期、中期、远景）分别进行评价。空间范围包括通道自身、通道影响区域。

综合运输通道功能评价主要可从需求相匹配、费用可承担、国土相协调、生态可持续四方面展开。

一、需求相匹配

需求相匹配主要指综合运输通道所能提供的交通运输服务，与其沿线的交通需求相匹配。在评价综合运输通道沿线的交通需求时，需注意现状流量代表的观测需求与实际需求间的差异，尽可能真实的评价实际需求。在评价综合运输通道所能提供的交通运输服务时，可以通行能力作为基础，结合通道设施由于使用时间以及使用情况造成的衰变，根据待评价时间点给出实际供给。

1. 综合运输通道的通行能力

综合运输通道的通行能力,可参考以往研究中对通行能力的定义,在实际使用时选取其中语境合适、数据可得的定义。

通过能力:是指一段时间内特定运输通道内某种运输方式可通过的最大运输量。通常情况下,运输通道的通过能力越大,出现交通阻塞的情况就会减少,运输效率也会相应提高。

物理通行能力:在现有的固定和活动设备、一定运输组织方法下,单位时间内运输物理网络所能完成输送的最大换算运输量。该通行能力是在设计基础设施时就已确定的通行能力,是基础设施固有的输送能力。一般地,交通运输网络的物理通行能力包含使用通行能力、预留通行能力和潜在通行能力。

服务通行能力:指的是依据运输需求主体的意志,在一定运输组织和服务水平约束条件下,运输系统所能完成的最大运输需求量。服务通行能力是以交通运输网络的物理通行能力为基础,其大小表示了对物理通行能力的利用程度,反映了交通基础设施满足的运输需求程度。运用运筹学中"最小费用最大流"思想,建立交通运输网络服务通行能力的计量公式,见式(3-1):

$$D_i = \min_{\forall a}(\tau_{i,a} \times d_a) \tag{3-1}$$

式中:D_i——交通基础设施在运营中实际使用的第 i 条运输线路的服务通行能力;

$\tau_{i,a}$——有两种取值,当满足运输需求的第 i 条运输线路恰好是交通运输网络中的既有线路时,则取值为1,否则取0;

d_a——交通运输网络中的既有线路的通行能力。

对于交通运输网络总体服务通行能力 D 就是将各条运营线路的服务通行能力汇总起来,即:

$$D = \sum_i D_i \tag{3-2}$$

2. 综合运输通道的运输需求

现状的运输需求是必需的基础数据之一,多数情况下,可以通过现状观测直接获得。但某些情况下,运输需求长期处于受抑制状态,观测到的运输量不能反映真实的运输需求。高等级运输设施建成后,运输需求会有一个较大的反弹,称之为潜在运输需求。

根据微观经济学,有支付能力的需要,构成对商品或服务的需求。运输需求是社会经济生活在人与货物空间位移方面所提出的有支付能力的需要。由此可以看出,有实现位移的愿望以及具备支付能力是运输需求的两个必要条件。运输量是在具体的运输设施中已经实现的运输需求,是运输需求与运输供给、服务水平相互作用的结果,即在现有运输能力下所实现的运输需求。

运输量与运输需求密切相关,但运输量并不完全代表经济社会对运输的需求。在运输能力完全满足运输需求的条件下,运输量基本上能反映运输需求。在运输能力不能完全满足运输需求的条件下,如设施条件差、运输时间过长等,此时的运输量不能代表社会经济活动对运输的需求,仅代表被一定运输条件(运输设施和运输费用)所限制的运输需求量。当运输设施得到改进,运输能力得到加强时,潜在运输需求就会转化为运输量,形成图3-1中 D_1 曲线向 D_2 曲线移动过程,这部分变化量就是潜在运输需求。

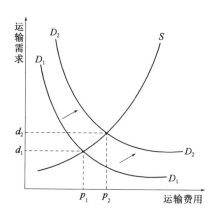

图 3-1 潜在运输需求的释放

在通道建成前的预测中,对通道建成后相关既定外界条件下的潜在需求预测是较为困难的。高等级运输通道建成前后流量的差异,一部分来自其他运输设施的转移,另一部分就来自潜在运输需求的释放。释放出的运输量产生后,很难从总的运输量中区分出来,这是因为运输量的产生涉及经济、土地、人口等众多因素,而运输量与这些因素之间的关系又是一种复杂的非线性关系,难以用直观的数学式表达出来。王维凤、林航飞、陈小鸿等曾尝试用一种需求曲线的图解分析法表征上述关系,并采用此方法对崇明越江通道的机动车出行需求及其轨道运输需求进行实例分析。

3. 供需匹配

将上述综合运输通道的通行能力及运输需求在同样的属性维度上进行相互比较,计算其匹配程度,可采用饱和度、饱和熵等相关概念进行表征。

通道饱和度。反映运输通道适应需求的程度,也反映出通道的拥挤程度。饱和度等于运输通道上的实际交通量与设计容量的比值,见式(3-3)。

通道饱和熵。各种运输方式所吸引的运输资源在各自内部的饱和程度的熵值描述,见式(3-4)。当通道饱和熵达到最大时,综合运输通道运输结构就达到了动态平衡。在由不平衡态向平衡态过渡变化时,任意两点间各运输方式饱和度的差异逐渐缩小,通道饱和熵由小到大,当达到平衡时,任意两点间各运输方式的饱和度几乎相等,结构达到一个比较理想的运力和运量相匹配的状态。

$$B(f_{ij}^k) = \frac{f_{ij}^k}{C_{ij}^k} \tag{3-3}$$

$$H(f_{ij}^k) = -\sum_i \sum_j \sum_k B(f_{ij}^k) \ln\left[B(f_{ij}^k)\right] \tag{3-4}$$

式中:f_{ij}^k——通道内 i、j 两点间第 k 种运输方式承担的运量;

C_{ij}^k——通道内 i、j 两点间第 k 种运输方式的通行能力。

二、费用可承担

需求方对运输活动所需费用的可承担情况也是综合运输通道评价的重要内容。在实际的交通运输活动中,供给与需求侧均具有多个属性维度,属性主要包括运输时间(含可靠度)、支出费用(指金钱)、舒适度(对于旅客出行)或便捷程度(对于货物运输)三方面。在将供需相匹配时,需考虑需求方对运输活动所需费用的可承担情况,以下将运输所需支出的时间(含可靠度)、金钱统称为费用。

根据运输需求弹性理论,需求对于影响其的任一因素的变化灵敏程度可采用需求弹性来衡量。运输需求对运输费用的弧弹性定义,见式(3-5):

$$e_{弧_p} = \frac{\Delta x_i}{\Delta p_i} \cdot \frac{p_i}{x_i} \tag{3-5}$$

式中:$e_{弧_p}$——运输需求相对于费用的弧弹性;

p_i——一定运输供给条件下的运输费用;

x_i——运输费用为 p_i 时的运输需求。它表示出行者和潜在的出行者对出行费用及其变化的敏感程度。

这里的出行费用为考虑了出行时间在内的广义费用,定义为式(3-6):

$$p = vt + f \tag{3-6}$$

式中:p——出行量为 q 时的用户广义运输费用;

t——出行时间;

f——票价或货币支付;

v——权重参数,代表用户赋予单位出行时间的价值。

运输需求有弹性和刚性两部分。以旅客出行为例,旅游购物等类出行是运输需求中的弹性成分,而通勤及商务出行在短期内构成运输需求中的刚性成分。很多情况下,运输需求预测中隐含的假设为出行费用变化但出行量不变,即需求弹性值为0,这是不符合实际的。在运输条件较差地区建设高等级运输通道,必定大大降低出行时间,从而引起运输量短期内突变。根据运输需求弹性原理的分析,在需求—费用坐标系中,如果通过调查得到特定地区出行量与出行费用的关系曲线,即需求曲线,那么根据高等级运输设施建成前后出行费用的变化($p_2 - p_1$)即可得出潜在的交通需求($d_2 - d_1$),从而对现状出行量进行修正,如图3-2所示。

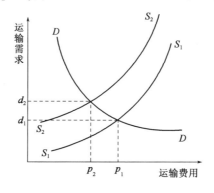

图3-2 运输费用变化

三、国土相协调

综合运输通道评价中，其所承担功能与国土发展的协调程度是重要的评价方面，既表现在综合运输通道对土地资源的集约利用，也表现在对国土空间发展格局的支撑水平。

1. 土地资源集约利用

对土地资源的集约利用主要表现为，同一通道内，不同运输方式以及同一运输方式不同线路集约利用土地资源的程度。《国家综合立体交通网规划纲要》中采用了主要通道新增交通基础设施多方式国土空间综合利用率提高比例这一指标，是指主要通道规划新增的铁路、公路等线性交通基础设施与各类型各等级线性交通基础设施，在空间上重叠或紧邻的里程，占通道新增线性交通基础设施里程的比例，在此基础上计算与主要通道既有交通基础设施多方式国土空间资源综合利用率相比的提高比例。其他文献中尝试使用以下相关指标评价通道的空间集约化程度。

周成成、张齐龙等采用了单位运能土地资源消耗指标，认为单位客、货运能条件下，运输通道内所有公路运输基础设施、铁路运输枢纽站场和线路及机场配套设施占用土地资源成本之比为 215 : 100 : 3。

唐建桥选取单位人公里占地面积(亩❶/人公里)、单位吨公里占地面积(亩/吨公里)、单位换算周转量占地面积(亩/换算周转量)、占用土地面积总量(万亩)作为评价指标。

罗苗苗认为交通用地集约利用是在现有经济技术条件制约下满足现实发展需要，通过增加投入和优化管理改善交通用地利用水平以促进城市功能和结构的优化以及效益的实现。从土地结构、用地功能、用地效益和用地协调性四个方面，构建了由多指标体系组成的交通用地集约利用水平综合评价指标体系。用地结构指标包括：单位铁路客运量占铁路用地面积(平方公里/人)、单位铁路货运量占铁路用地面积(平方公里/吨)、单位公路客运量占公路用地面积(平方公里/人)、单位公路货运量占公路用地面积(平方公里/吨)、单位民航客运量占机场用地面积(平方公里/人)。用地功能指标包括：单位面积交通用地固定资产投资额(10^6 元/平方公里)、单位面积交通用地客运周转量(10^4 人/平方公里)、单位面积交通用地货运周转量(10^4 t/平方公里)。用地效益指标包括：单位面积交通用地生产总值(10^9 元/平方公里)、单位面积交通用地就业人口(10^2 人/平方公里)。协调性指标包括：人口与交通用地增长弹性指数(％)、固定资产投资额与交通用地增长弹性指数(％)。

2. 支撑国土空间发展

2019 年 7 月 18 日，自然资源部办公厅印发《关于开展国土空间规划一张图建设和现状评估工作的通知》，有关区域和城市交通涉及的基本指标有道路网密度、行政村等级公路通达率、绿色交通出行比例、城市对外日均人流联系量、工作日平均通勤时间、45 分钟通勤时间内居民占比等指标。在综合运输通道的评价中，可采用通道对上述指标的改善程度作为评价内容。

其中，与综合运输通道紧密相关的指标是绿色交通出行比例、城市对外日均人流联系量、

---

❶ 1 亩 = 666.6 平方米。

工作日平均通勤时间、45分钟通勤时间内居民占比这四个指标。绿色交通出行比例(%),指采用步行、非机动车、常规公交、轨道交通等健康无污染的方式出行量占所有方式出行总量的比例,综合运输通道客运中轨道交通比例的上升,会直接提高绿色交通出行比例。城市对外日均人流联系量(万人次),指城市与外部地区之间的日均人流量,包括流入量、流出量,表征城市与外部人流联系程度,综合运输通道是承担城市对外人流量的主骨架。工作日平均通勤时间(分钟),指工作日居民通勤出行时间的平均值,在通勤客流较为集中的通道上,通道效率及通道内主要线路与慢行交通的衔接状况,直接影响着通勤时间。45分钟通勤时间内居民占比(%),指在45分钟通勤时长以内通勤人口数量占总通勤人口的比率,由轨道交通、高速公路所组成的城市综合运输通道,往往是45分钟通勤时间中干线运输的主力,其沿线串联着的居民区和产业区越多、覆盖人口越多,越有利于提升该指标。

四、生态可持续

通道生态可持续性评价主要包括资源承载能力分析、生态影响预测与评价、污染影响预测与评价、碳排放影响预测与评价、与相关规划的环境协调性等方面。

1. 资源承载能力

根据通道建设用地标准和区域土地资源情况,估算规划实施的土地资源需求总量与占地结构。结合土地利用相关规划,从用地总量、用地效率和耕地占用等方面分析规划实施的土地资源支撑能力。采用情景分析、类比分析等方法,估算规划实施可能导致的资源消耗总量。

2. 生态影响

采用缓冲区分析、叠图分析等方法,说明规划通道线位与自然保护区、风景名胜区、世界自然与文化遗产地等环境敏感区之间的空间位置关系。结合各环境敏感区的保护对象和保护要求,分析规划实施对其可能产生影响的途径、范围和程度。分析规划实施是否符合生态红线管控要求。分析规划通道线位可能穿越水源涵养和生物多样性保护等重要生态功能区、土地沙化和石漠化等生态脆弱区,森林和湿地等重要生态系统的长度和面积,识别出影响较显著的路段及受规划影响较大的区域。

对比分析规划实施前后区域生物多样性(主要是物种多样性和生境多样性)、生态系统连通性、破碎度及功能等方面的变化情况,评价规划实施对生态系统完整性和生态景观格局的影响,对区域主要生态问题(如生态功能退化、生物多样性丧失等)的影响趋势及程度。

3. 污染影响

测算规划通道运营过程中服务区、收费站、停车场等辅助设施的废水及主要水污染物排放总量,分析规划实施对区域地表水环境质量的影响;结合区域排污总量及其控制目标,提出水污染物的排放要求。

预测规划通道运营过程中主要大气污染物的排放总量及其空间分布。结合区域大气环境容量相关研究成果,分析规划实施后区域环境空气质量的变化趋势。

结合规划交通量的预测结果,选择典型路段,测算不同规划水平年通道沿线噪声值的分布情况,分析区域声环境质量的变化趋势。

4. 碳排放

根据通道交通量预测结果、行业能源消耗系数和各种燃料的 CO_2 排放因子等，测算运营过程中的 CO_2 排放总量。结合区域和行业节能减排的相关要求，分析规划实施导致的碳减排压力。考虑规划实施后引发的运输效率变化及诱导交通量增加等因素，分析单位运量的碳排放强度变化情况。

5. 与相关规划的环境协调性

重点分析与国家、省市等各级国土空间规划在功能定位、空间准入和环境目标要求方面的相容性及环境协调性。

分析与环境保护规划（如城市生态保护与建设规划、生物多样性保护优先区域保护规划、自然保护区发展规划）、环境功能区划（如饮用水水源保护区划、大气环境功能区划、水环境功能区划、声环境功能区划）、历史文化保护规划和风景名胜区规划等的协调性。

以下总结了相关文献中评价交通运输生态可持续性的相关指标，这些指标与综合运输通道关系密切。

单位里程人均碳排放：在城市交通系统中，对于常住人口，一年中平均每人每公里出行的碳排放量，体现了城市交通组织的效率，见式(3-7)。交通 CO_2 年排放量是指各类交通工具通过燃料消耗一年所产生的 CO_2 排放总量。低碳交通的核心目标就是减少 CO_2 排放量，因此该指标是低碳交通考核评价体系中的核心指标，且指标值越小，表明城市低碳建设与发展水平更好。

$$单位里程人均碳排放 = \frac{交通碳排放}{交通客运周转量} \tag{3-7}$$

单位运量能源消耗：唐建桥选取单位人公里能耗水平（吨标准煤/人公里）、单位吨公里能耗水平（吨标准煤/吨公里）、单位换算周转量能耗水平（吨标准煤/换算周转量）和能耗总量（万吨标准煤）作为交通能源消耗水平的定量评价指标。

单位运能环境污染损害成本：各种交通运输方式的污染排放强度不同，李艳红将铁路、公路及航空的单位运能环境污染损害成本用模糊数来描述，分别为 0.0625、0.625 和 0.3125。

跨界出行铁路及公共交通分担率：通道对外出行中铁路、轨道交通以及跨界公交出行量之和占对外出行总量的比例。

高速公路服务区充电站覆盖率：配建有充电设施的高速公路服务区占通道内高速公路服务区总量的比例。

运输结构可持续发展水平：吕靖认为，区域运输通道客运结构的可持续发展是在满足各种方式协同发展的同时，使客运系统与经济、社会、环境等外界因素长期保持动态的协同发展，最终实现客运结构的合理有序，其定义见式(3-8)。

$$C = \frac{\sum_{i=1}^{n}(X_i \cdot Y_i)}{\sqrt{\sum_{i=1}^{n}X_i^2 \times \sum_{i=1}^{n}Y_i^2}} \times 100\% \tag{3-8}$$

式中：C——运输结构可持续发展水平；

X_i——区域内第 i 种运输方式所占的市场份额；

Y_i——第 i 种运输方式消耗的资源占区域内所有运输方式消耗的总资源比重。

五、综合评价方法与模型

从可操作性、评价标准一致性考虑,通常评价方法均采用结构化的指标体系为基础。根据上述分析,从需求相匹配、费用可承担、国土相协调、生态可持续四方面建立可供选取的指标库,如表3-1所示。

综合运输通道评价参考指标库　　　　表3-1

评价角度	评价内容	评价指标	指标说明
需求相匹配	通行能力	通过能力	通道在一段时间内可通过的最大运输量
		服务通行能力	在一定运输组织和服务水平条件下,通道在一段时间内可通过的最大运输量
		网络饱和度	交通运输网络上的实际交通量与设计交通量的比值
	可达性	主要城市/城镇间出行时间	通道沿线主要城市/城镇之间点到点出行时间
		中心城区至综合客运枢纽半小时可达率	通道内各城市的中心城区至综合客运枢纽半小时可达的比例
	运输结构	各方式客运量比例	公铁水航客运量占通道客运量的比例
		各方式货运量比例	公铁水航货运量占通道货运量的比例
费用可承担	金钱费用	货物运输费用	单位通道长度上单位重量货物的运输费用
		货物换装费用	含仓储、装卸等
		旅客出行费用	单位通道长度上单人次旅客的出行费用
		单位面积交通用地固定资产投资额	单位面积交通用地固定资产投资额(万元/平方公里)
	时间费用	平均运输速度	旅客/货物在单位时间内所行驶的里程
		旅客换乘次数	单位通道长度上单人次旅客平均换乘次数
		行程时间可靠度	指在运输或出行前的预估行程时间与实际行程时间的接近程度,可采用概率分布表示
国土相协调	覆盖连通	设施面积密度	每百平方公里国土面积的铁路/公路/航道/综合交通网总里程数(公里/百平方公里)
		设施人口密度	每万人铁路/公路/航道/综合交通网总里程(公里/万人)
		跨城通勤比例	通道内跨城通勤人口占总通勤人口的比率(%)
	资源利用	交通运输用地面积	平方公里
		单位客运周转量占地	平方公里/人公里
		单位货运周转量占地	平方公里/吨公里
		单位交通用地生产总值	万元/平方公里
		单位交通用地就业	就业人口数量/交通用地面积,也可使用岗位数量/交通用地面积

续上表

评价角度	评价内容	评价指标	指标说明
生态可持续	碳排	单位周转量碳排	单位货物/旅客周转量碳排放强度(万吨)
	能耗	单位周转量能耗	吨标准煤/换算周转量
	运输结构	绿色交通出行比例	采用非机动车、常规公交、轨道交通等的出行量占出行总量的比例(%)
		公共交通分担率	通道中铁路、跨界公交及公路客运出行量占比
	新能源利用	服务区充电站覆盖率	配建有充电设施的高速公路服务区占通道内高速公路服务区总量的比例

除表 3-1 中所展示的常用指标外,以下指标目前应用尚不广泛,可根据评价目的和场景需要选取。包括:适应度,用于衡量通道各运输方式自身发展状况,在一定程度上能反映系统内部协调情况;综合供给能力系数,反映通道运能和运量之间的适应性,通道运能与社会经济的协调程度;运输方式差异系数,不同运输方式占比的差异系数,即标准差与均值之比;投入产出比,一定时期内通道交通建设运营投入的资金量与相应的运输换算周转量之比。

根据待评价的综合运输通道类型及评价目的、数据等资料的可获得性,从指标库中选取合适指标,并确定以所选指标为基础,测算最终整体评价结果的方法。在数据资料不足,评价目的不十分明确的情况下,可采用德尔菲法或层次分析法测算各指标权重以获取最终评价结果。在数据资料较为齐备、评价目的指向性明确时,可采用模糊综合评价法、基于机器学习的评价方法、数据包络分析、灰色综合评价法获取最终评价结果。

第二节 综合运输通道系统配置方法

综合运输通道系统配置是综合运输通道规划方案的核心内容,是确定通道布局方案和通道内线路配置的关键方法。基于综合运输通道的形成发展机理、功能评价框架,系统配置方法具有显著的整体性、综合性和动态性,需要考虑系统内外多个维度。

一、综合运输通道系统配置的基本特征

1. 整体性

一是各对外通道之间的相关性(反映在对外出行的目的地选择)。城市对外通道的建设条件,将影响通道沿线居民出行成本,对于沿线用地的相关性、人口产业发展具有重要影响。客运通道能力和服务的变化既会影响居民整体对外出行的出行率,也会对其他通道的出行量产生一定的转移效应。因此在研究规划年对外通道系统配置时应考虑到城市对外通道的整体水平,进而对出行需求进行修正。二是通道内的各路径之间的相关性。各径路功能存在重叠和互补,重叠表现为居民出行在不同方式、径路之间可以实现转移(如现阶段道路客运与城际轨道间的竞争);同时由于部分客运模式的技术特征差别较大,在通道中所承担的功能有差

异，不同模式径路间互补效应也将影响到通道总体效能（如道路公交对于各类中远程客运方式的接驳效率的高低）。因此在研究通道系统配置时不应当孤立的研究某类模式，需考虑到各方式、径路之间的竞争与合作，实现对整个通道需求的合理覆盖。三是通道两端的网络衔接。居民出行可视为多种客运模式首尾相接的方式链，方式链的各个环节总效用才是居民出行的实际效用。对外客运通道干线运输与市区交通的衔接点往往与居民目的地距离较远，通道规划需考虑通道两端与市区/县城等城市交通网络的衔接。

2. 综合性

一是由于土地以及环境等资源的有限性，作为出行承载条件的道路、轨道等资源无法完全满足居民的个体化出行需求。为降低社会出行成本和满足居民出行的基本需求，集约化出行方式成为现代客运体系的重要方式。集约化供给方式为满足大部分需求和实现特定功能，往往有明显的适应范围和限制条件（如轨道适用于集中持续客流），因此一种客运系统是难以适应各种性质的需求，客运通道配置形式应当是功能定位不同的多种模式径路的组合。二是各种方式之间竞争与优势互补并存。现阶段客运系统的研究分析中，往往过于强调各种运输方式的竞争效应。由于任何两类客运模式技术经济特点不会完全相同，其竞争和优势互补一定是同时存在的。比如城际铁路和高速公路客运，在干线运输上体现为较强的竞争关系，但由于两种方式对时间/空间的覆盖程度、接续方式的便利性之间的差异，二者的优势也是可以互补的。通道方式配置应当找出各方式应用的合理空间，实现通道客流覆盖的整体优化，减少无效的供给和满足多样化的需求，这也是我国规划管理体制上的巨大优势。

3. 动态性

通道运输需求体现为规模和结构，通道系统配置即是借助各类供给模式，在成本允许的情况下，与需求规模和结构尽可能匹配。出行需求、供给之间存在互反馈作用，通道配置会引起居民对外出行率、出行结构的变化，这种反馈作用在不同发展阶段和时期存在差异，在能力不足时，扩大供给对出行需求具有明显的正向反馈作用，但在能力基本适应时，这种正向反馈作用明显减弱。通道系统配置应当是实现需求数量、结构与系统配置的动态最佳匹配。

二、基于供需匹配的综合运输通道系统配置

基于供需匹配思路，在综合运输通道系统配置中，需要解决好一些关键技术问题。

一是形成一张符合实际的简化的、交通网络以对接需求。以 OD 点对为基础的期望线需求基本上是小区一一对应互联的网络，但没能体现交通基础设施演进的路径依赖特点，往往需要将各种运输方式客货运需求分配到现状或者既有规划的基础设施网络上，对转化得到的客货运输网络进行分析。

二是赋予各方式不同优先级，体现行业发展的方向引领。交通运输方式选择的基本导向是出行个体利益的最大化，交通运输规划作为政府宏观调控的重要手段，需要在一定时期内、一定区域内发挥对交通运输结构调整和居民出行方式引导的功能。可在规划中对不同运输方式赋权，将稀缺资源优先用于集约化、绿色化的方式。

三是不能仅以量定需求,还需关注量化需求以外的部分。交通运输除直接的客货运输功能外,同时也承担着国家安全、基本公共服务均等化等多方面使命,支撑乡村振兴、区域协调、军民融合等国家战略实施。部分线路战略意义重大但在需求规模上并不显著,需要在配置阶段单独考虑。此外,交通运输存在空间、时间上的不均衡特点,要避免以年平均日交通运输量决定配置规模,需要充分考虑需求的结构化特征。

四是采取分层配置方法。考虑到交通基础设施资源配置的多功能导向特点,分两个层次开展配置。第一层次是底线配置。以国土空间开发利用保护、国家安全和基本公共服务均等化等要求为基础,配置干线路网(相较于其他运输方式,干线公路具有功能多样适用性最佳的特点,是优先考虑的兜底系统)。第二层次是基于供给导向的加权方式配置。结合国家和区域运输结构调整导向,按照从集约化到个体化、从人均低能耗到高能耗等方面逐个配置各方式线路,实现交通资源配置的结构优化。在系统配置阶段还需要注意土地、环境和工程条件,例如在土地资源和线位紧缺通道提高大运量方式的配置权重。

三、基于经济性的综合运输通道系统自适应机制

按照运输经济学理论,在市场机制作用下,综合运输通道内方式间线路处于竞争合作关系,通过设施规划建设、运营优化、市场定价等手段,是可以形成系统自适应机制,达到供给与需求的动态平衡。

1. 综合运输通道内各种运输方式技术经济特征

各种运输方式的技术经济特征,可以从安全、便捷、高效、绿色、经济等方面分析比较,这方面的研究成果比较多,如关于经济运距、运行时速、单位周转量运费、单位周转量能耗、单位里程用地等的研究。在综合运输通道内,各种运输方式集中在一起,完成同一方向的大运量客货服务,需要按照门到门的全程出行链、物流链思路,分析比较各种运输方式组合后的全链条技术经济特征。

综合运输通道内的城际旅客出行,可以通过铁路实现干线运输,而铁路两端,则需要城市交通或公路运输等其他方式连接,实现铁路站与出发地、目的地之间运输,由此形成了完整的旅客出行链。对于综合运输通道内客运出行方式的比较,需要从整条旅客出行链进行分析。例如广州到深圳的城际通道,串联两市主城区、长约150公里,广州至深圳日均出行总量45万~50万人/日,商务、休闲等非通勤出行比重超过95%,铁路所占比例约20%,仍是以公路为主体,这是因为在门到门1小时左右的交通范围,公路机动灵活的优势很显著,铁路则因为铁路站换乘以及出站后的城市公共交通拉长了全出行链时间。

综合运输通道内的城际货物运输,在距离较长、几百甚至上千公里时,相比公路运输,公铁联运、公铁水联运更为经济,运距越长,铁路和水运相比公路运输费用低的优势越能发挥,公铁联运、公铁水联运相对单一方式的运输优势也就更加明显。但在距离较短、300公里以内范围,由于铁路网覆盖的城镇节点、重要厂矿和交通枢纽数量有限,难以实现"门到门"运输,需要公路进行两端运输,增加了装卸转运环节和费用。

2. 基于供需匹配和费用可承担的综合运输通道系统自适应机制

复杂适应系统(CAS)是系统科学研究最前沿的科学,是指系统中个体能够与环境中的其

他个体进行交流,在这种交流的过程中"学习"或"积累经验"不断进行演化学习,并且根据学到的经验改变自身的结构和行为方式。复杂适应系统是一些多元的或多主体的系统,它们大量的具有主动性的个体积极地相互竞争和合作,在没有中央指挥的情况下,通过彼此相互作用和相互适应也能形成整体的有序状态。

借鉴复杂适应系统理论,综合运输通道中的各方式线路和场站构成了复杂适应系统,每种方式都有其复杂的内部机制,综合运输通道系统运行演化具有自适应特征。在满足点到点的全链条客货运输需求时,综合运输通道内各方式组成的系统可以通过市场价格调节,实现系统自适应,达到供需匹配、费用可承担的动态平衡。这种自适应机制可以分为以下三种情形。

情形一:各方式运输能力普遍不足、用户对运价较为敏感。综合运输通道系统可以通过新改建设施扩大各方式运力或通行能力、适当降低铁路水运价格等方式,满足运输需求,或者促进更多运输转向铁路和水运。

情形二:各方式运输能力有差异(例如公路运力充裕而铁路运力短缺)、用户对运价较为敏感。由于铁路运力短缺,难以降低运价,导致铁路运输、公铁联运与公路相比在价格上都不具有竞争力,在满足运输需求的同时,更多运输需求选择公路。

情形三:各方式运输能力普遍充裕。在各方式运输能力普遍充裕的情况下,为吸引客货源,各方式倾向采取低价竞争手段。由于市场竞争导致运价普遍有所降低,使得一部分对时效性、舒适性要求较高的用户可承担费用、选择更加快速舒适的运输方式,如民航、高铁,此类潜在运输需求得到满足,现实运输需求会有大的增长,通道系统运输能力与需求之间形成更高水平的动态平衡。

需要说明的是,基于经济性的综合运输通道系统自适应机制,没有考虑国土相协调和生态可持续要求,在资源和能源的消耗、环境的污染等外部成本未能内部化的情形下,运输能力过度充裕、运输方式过度依赖公路等,都会对生态环境产生负面影响。

四、基于多目标导向的综合运输通道系统配置

综合运输通道规划体现了政府决策意志,目的是发挥综合交通运输组合优势,在满足经济社会发展需要的同时,追求运输效率、服务水平、资源环境影响三者的整体最优。综合运输通道系统配置,就是对通道内线路规划建设和运营管理做出安排,以实现系统整体最优目标。从具体技术方法看,包括通道需求分析预测、通道布局规划和通道内线路配置方案生成及比选。

1. 综合运输通道需求分析预测

通道客货流特征画像。以居民出行调查、企业调查和交通运输统计数据为基础,通过大数据手段广泛采集多源多属性客货运输信息,扩大运输通道需求特征信息来源和数据样本。基于铁路、公路、水运、民航等行业统计和手机信令、地图位置服务、互联网货单数据等多源大数据,建立综合运输通道客货流特征画像,包括通道交通量结构、OD分布、出行目的和时间、距离分布特征等。

通道网络功能分析。基于综合运输通道客货流特征画像,开展通道功能的识别工作,划分客运服务、货运服务、本地服务、通过服务、通勤服务、商务休闲服务等功能特征,识别通道网络

中关键断面的基本功能,提出断面的需求结构化特征模型。

通道需求分析预测。按照通道纵向交通的"带"状属性,将历年通道交通运输数据结构化,对全线、区间、断面交通结构进行分析,完成通道特征提取,建立交通-国土空间交互模型,探索通过定量化模型完成对通道发展演进的逻辑推演和解释。研判通道沿线城镇体系、产业体系的新形势、新变化,考虑信息技术应用、新型交通方式等因素的综合影响,研究通道交通运输需求的总体发展格局、关键指标演进规律,预测通道客货运输需求的规模、结构、空间主要属性数据。

2. 综合运输通道布局规划

综合运输通道布局的重点在于综合交通网络中重要线路的选取、重要节点的连接。可依托交通区位线理论,借助地理信息技术手段和"四阶段"交通需求分析等方法开展。具体分为以下三个步骤(图3-3):

首先,梳理单一运输方式中长期布局规划,对规划年各方式干线网络进行叠加,识别出可供参考的综合运输通道(两种以上运输方式国家交通干线并行),即形成"基础网"。

其次,统筹考虑影响综合运输通道布局的国家、区域战略因素,以交通区位线连接重要的节点和区域,形成多个基于单因素的概念图;将单因素概念图叠加"基础网",分析形成"概念网"。

最后,以"概念网"为基底图,加载规划年客货运输需求空间分布特征,并考虑地形地貌、生态环境等自然条件,形成综合运输通道布局的初步方案,根据对主要经济区、城市群、城市以及重要交通枢纽等节点的连通要求,对方案进行调整优化,最终形成"规划网"。

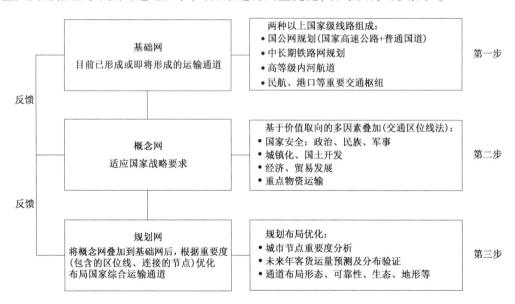

图3-3　综合运输通道布局规划总体技术路线

基于此技术路线,支撑了国家"十纵十横"综合运输大通道的方案生成研究工作,并在长三角区域综合立体交通网规划、湖北省综合立体交通网规划等研究中都得到了充分的应用。

3. 综合运输通道内线路配置方案生成及比选

通道内线路配置方案生成。基于通道内线路现状构成和既有规划方案，对接客货运输需求预测，考虑5G、自动驾驶、车路协同等先进技术和交通需求管理手段应用对通道效能的影响，生成线路配置的多个方案。主要采用通道分区段供需匹配分析、主要节点（城市/小区/枢纽场站）覆盖连通、断面多方式线路立体布局等方法。

多方案比选。基于综合运输通道功能评价框架和关键指标，对通道系统配置的多个方案，开展需求相匹配、费用可承担、国土相协调、生态可持续等多方面的综合评价，比选形成推荐方案。例如，新增布局某条城际轨道，提升某条高速公路的技术标准，以及采用多线路共线共廊建设模式达到集约利用土地的目的，探索应用通道内土地资源集约化、立体化、协同化配置技术，以及在土地资源约束明显、产业协同效应急迫的情形下，将建设用地向交通可达性更高的地区集中，实现大运量、高效快捷的交通廊道更精准地融入城市群，集聚更多生产要素，促进城市联动发展等。

五、综合运输通道沿线一体化规划与综合开发

通过通道规划编制、开发模式创新、客货服务优化等方式，可以激发通道与沿线产业城市形成正向耦合效应。其中，通道的一体化规划、通道沿线枢纽或综合体的以交通为导向综合开发，是目前国内外开发实践中的主要方式。

通道沿线一体化规划，指统筹考虑通道内的交通基础设施建设、运输服务组织和通道沿线的国土空间利用、商贸物流等产业布局，通过沿线省（区、市）加强协调互动，编制统一的规划，并共同协商监督落实。以西部陆海新通道为例，国家发展改革委2019年印发《西部陆海新通道总体规划》，指导了包括基础设施、商贸物流、经济营商等多项内容，规划期为2019年至2025年，展望到2035年。在此框架下，2019年10月，重庆、广西、贵州、甘肃、青海、新疆、云南、宁夏、陕西、四川、内蒙古、西藏等西部12省（区、市）以及海南省和广东湛江市，签署框架协议，合作共建西部陆海新通道。2021年，国家发展改革委印发《"十四五"推进西部陆海新通道高质量建设实施方案》。上述一体化规划及相关文件指引了西部陆海新通道沿线各省（区、市）的产业协作和交通发展，为推动生产要素沿通道优化流动配置搭建了良好的顶层设计。

通道沿线综合开发，是指对沿线的枢纽或综合体及其周边区域，进行合理多功能开发。以服务通道客流为核心，开发涉及居住、商业、休闲娱乐等多项功能，通过多功能场景塑造、通勤效率的提高，通道沿线的枢纽或综合体共同构建起一条宜居、宜业、宜游的产业带，形成以通道为轴的城市连绵带。综合开发因其可激发高铁经济、高速公路经济、运河经济等"通道经济"，加速沿线产业融合发展，成为近年来助力通道、产业、城市融合发展的重要举措之一。以美国东部128公路通道为例，其沿线多个老城区内的可开发用地寥寥无几，但它们普遍拥有独具特色的文化积淀，同时，这些老城区拥有完善的铁路、公交网络，较为适合实施以交通为导向的综合开发。通道沿线的沃尔瑟姆是美国工业革命的代表区之一，水系发达，遗留的工业建筑众多，其综合开发以沃尔瑟姆车站为核心展开，在半径400米的步行范围内，设置了厂房改造的博物馆区（沃尔瑟姆历史学会博物馆、查尔斯河工业与创新博物馆等），以及餐饮街、商业街、酒吧街、滨河公园，使得人们在步行10分钟范围内，能充分感受到老城的繁华与文化。此类改

造后的老城,成为旅游地和文化生活中心,吸引着128公路通道沿线的游客们。

> **专栏 3-1　惠州依托综合运输通道规划建设产业带**
>
> 　　广东省惠州市地处粤港澳大湾区东岸,沿海综合运输通道、北京至港澳台综合运输通道和汕头至昆明综合运输通道在此交汇。惠州根据综合运输通道在其境内段走向,结合通道沿线区县经济水平、产业基础、交通条件、发展潜力和空间规划等情况,聚焦通道带动作用明显的旅游、现代物流、金融、新兴服务(医疗保健、商务会展、教育培训等)、电子信息、汽车和装备制造等产业,规划三条产业带,并围绕通道上的高铁站布局一批高铁新城。
> 　　建设三条综合运输通道产业带。厦深产业带通过沿海综合运输通道中的厦深铁路、沈海高速公路,形成惠阳、惠东沿海地区和大亚湾经济技术开发区至深圳方向、至厦门方向的快速连通,加强同深圳、厦门、福州等城市的电子信息、汽车电子、商贸物流、休闲旅游、地产开发等产业的合作。赣深产业带通过北京至港澳台综合运输通道中赣深高铁、长深高速公路,形成惠州至深圳、江西、上海方向的快速连通,加强电子信息、休闲旅游、装备制造、商贸物流、新材料、地产开发等产业的合作,辐射沿线的河源、龙川、赣州、南昌等城市。广汕产业带依托汕头至昆明综合运输通道,形成惠州至广州、湖北、湖南以及西南云贵、广西方向的快速通达,加强同广州、武汉、长沙等沿线城市的电子信息、装备制造、休闲旅游、文化教育、地产开发等领域产业的合作。
> 　　布局三个高铁新城。依托三条综合运输通道上的高铁站,结合高铁站所在区县的人口规模、经济总量等情况,以及未来发展潜力、发展空间、高铁站周边地形和环境承载力等因素,重点考虑高铁新城建设对非农业产业和非农业人口集聚作用和促进效果,规划布局三个高铁新城。
>
> **高铁新城布局列表**
>
> | 依托车站 | 高铁新城名称 |
> | --- | --- |
> | 惠州北站 | 惠州高铁北站新城 |
> | 惠城南站 | 惠城南站新城 |
> | 惠州南站 | 惠州南站新城 |

第三节　不同类型综合运输通道功能评价与系统配置

一、国际综合运输通道

国际综合运输通道通常跨两个以上国家,长数千公里,例如"一带一路"沿线连通我国的陆路国际运输通道,包括新亚欧大陆桥、中蒙俄、中国—中亚—西亚、中国—中南半岛、中巴、中尼印和孟中印缅等。由于距离长、影响范围广且通道功能侧重于长距离客货运输,国际综合运输通道功能评价主要侧重于需求相匹配、费用可承担,在国土相协调、生态可持续方面,涉及相对较少,在系统配置方面,更多考虑满足运输需求、提升通行效率和降低运输成本。本书以中亚国际运输通道为例,进行功能评价和系统配置分析。

中亚区域目前主要形成了包含公路、铁路运输在内的六大通道(表3-2),将区域内的主要节点城市相连接,也将内陆的中亚、中东国家和全球市场相连。2009年开始,中亚区域经济合作(Central Asia Regional Economic Cooperation,CAREC)对6条通道的运行情况建立了监测体系,并对通道沿线的客货运输开展持续的动态统计,以便及时发现问题并进行改善,主要包括测量和记录通道沿线各段以及过境点间的实际货运量,地面运输的速度、费用等信息。

中亚区域国际通道走向　　　　　　　　　　　　　　　　　　表3-2

中亚区域国际通道	走向	经过国家
通道1	中国—欧洲	中国、吉尔吉斯斯坦、哈萨克斯坦、俄罗斯
通道2	中国—地中海	中国、吉尔吉斯斯坦、哈萨克斯坦、塔吉克斯坦、乌兹别克斯坦、阿富汗、土库曼斯坦、阿塞拜疆、格鲁吉亚
通道3	俄罗斯—南亚	俄罗斯、吉尔吉斯斯坦、塔吉克斯坦、哈萨克斯坦、乌兹别克斯坦、阿富汗
通道4	俄罗斯—中国	俄罗斯、中国、蒙古
通道5	中国—南亚	中国、哈萨克斯坦、塔吉克斯坦、阿富汗
通道6	欧洲—南亚	乌兹别克斯坦、塔吉克斯坦、哈萨克斯坦、阿富汗

1. 监测体系

中亚区域经济合作(CAREC)设定了四项贸易便利化指标,以监测六大通道的总体绩效,根据对穿越通道所花费时间和成本的度量,对通道运输和贸易进行评估。四项指标分别为:

(1)过境点清关所需时间。指将货物从一个国家的出境点运输至另一个国家的入境点所用的平均时间(小时)。过境点通常为海关、移民和检疫中心等。除了标准的清关手续外,该指标还计入了等待时间、卸货及装载时间、更换轨距所用的时间等,其目的是反映过境过程中固有的复杂性和低效问题。

(2)过境点产生成本。指将货物从一个国家的出口点转运到另一个国家的进口点所需的平均总花费(美元),包括官方和非官方付款。该指标以每20吨货物的成本作为标准单位,以提高各种运输货品的可比性。

(3)通过通道需要成本。指一单位货物在一个国家内或跨国界沿一个通道区间运输所产生的平均总成本(美元),包括官方和非官方付款。一单位货物是指载货20吨的货车或火车,一通道区间是指500公里长的路线。

(4)通道沿线的速度。指单位货物在一个国家内或跨越边界的通道区间上的平均速度,单位为公里/小时。该项指标包括行驶速度及行程速度。行驶速度为总行驶距离除以行驶时间,不包括过境点和其他中间站点等时间;行程速度为总行驶距离除以总行程时间,包括过境点和其他中间站点等时间。

2010—2019年,指标(1)过境点清关所需的时间呈逐步上升的趋势,表明平均过境时间正在增加。这是由于：在公路过境点上花费的时间延长，交通拥挤导致排队等候的时间过长；边境机构的吞吐量限制；货车之间需要货物转运。此外，突发边界关闭也会对这一指标产生影响。指标(2)过境点所产生成本表现较为平稳，过境费没有明显的变化趋势。指标(3)通过通道所需要成本变化趋势显示，2013年为峰值，随后几年逐渐下降，自2016年之后保持了相对稳定。主要原因可能是由于本币相对美元贬值和油价下跌所致。指标(4)通道沿线的速度处在积极的改善趋势中，从35.2公里/小时上升到44.1公里/小时，这与整个通道区域的运输基础设施质量提升密切相关；行程速度未见明显改善，主要与过境时间有关；对比可见，2010年以来，各通道上的行驶速度不断提高，但行程速度并无改善，相邻国家、机构间在过境交通方面的协作仍然存在诸多薄弱环节。

2. 我国至中亚运输通道

目前，连接我国和中亚国家的铁路通道主要有新亚欧大陆桥，中国—中亚—欧洲班列及中国—中亚班列。随着我国与中亚国家经贸合作的深化，更多的线路正在规划和筹建，如连接中国、吉尔吉斯斯坦和乌兹别克斯坦的中吉乌铁路等。

(1) 新亚欧大陆桥。新亚欧大陆桥即第二亚欧大陆桥，于1992年开通，东起连云港向西出境进入中亚，分北、中、南三线接欧洲铁路网。2017年，精伊霍铁路境外衔接路段实现突破，新开辟经由霍尔果斯口岸的中哈铁路第二通道，乌鲁木齐经霍尔果斯口岸到阿拉木图的国际客运列车运行时间缩短至24小时，比经阿拉山口口岸节省8小时左右。由于各国轨距不同、费用税收等政策未协调等原因，这条线路出现了通而不畅的现象。

(2) 中国—中亚—欧洲班列（简称"中欧班列"）。中欧班列采取与以往不同的运输模式和管理方式，大大提高了货运效率。以"渝新欧"班列为例，其全程运行时间短，只相当于海运所需时间的1/3。货物在口岸和站场滞留以及通关所需时间仅需3天，约占全程运输时间的1/5，远低于亚欧大陆桥"北线"的1/3~1/2。

(3) 中国—中亚班列。除中欧线路外，近年来，我国义乌、北京、西安、武威、连云港等城市相继开通了到中亚的铁路货运班列，与此同时，哈萨克斯坦国家铁路股份公司也开行对我国出口班列，出口有色矿产等产品。此外，一些班列还采取便捷的通关方式，如"长安号"班列实现了进出中亚的货物在西安报关、结汇，大大提高了通关效率。

公路通道方面，目前，广泛联系我国与中亚地区的公路运输通道已基本形成，东起连云港，西抵乌鲁木齐，并经多条线路通往中亚各国，其中包括著名的"双西"公路，即"西欧—俄罗斯—哈萨克斯坦—中国西部"国际公路运输通道。该线路于2018年全线贯通，为我国与中亚国家间的商品流通建立了便捷的运输通道。

二、国家综合运输通道

国家综合运输通道通常跨两个以上省份，长数百至上千公里，串联多个城市节点、交通枢纽，如《国家综合立体交通网规划纲要》确定的"6轴7廊8通道"国家综合立体交通网主骨架。相比国际综合运输通道，国家综合运输通道功能评价内容更为广泛，包括需求相匹配、费用可承担、资源环境适应性、安全智能发展引领性、通道经济和社会效益等。通过功能评估，找到当前通道存在的突出问题，展望未来需求发展趋势，对通道系统配置提出解决方案。

1. 国家综合立体交通网主骨架功能特点

"6轴7廊8通道"是主骨架评估的基本对象,由国家高速铁路、普速铁路、国家高速公路、普通国道和国家高等级航道组成。

(1)主骨架是我国经济社会发展的主动脉。"6轴7廊8通道"是我国跨区域、跨省市、城市群之间经济交通联系的主要纽带,是综合交通运输体系中客货流密度最大的骨干,是能源、粮食等物资调运和进藏、入疆、通边的战略性运输通道,是大宗工业原料、外贸集装箱运输的主要通道。主骨架已通车铁路覆盖了全国89%的地级行政单元和63.6%的县级行政单元,承担的客运量占全国铁路总客运量约70%,承担的公路交通量占国家干线公路总交通量的60%以上,全国过亿吨港口和千万人次以上机场均位于主骨架。

(2)主骨架内部存在明晰的功能层级。在"6轴7廊8通道"内部,存在三个功能层级。"6轴"连通京津冀、长三角、粤港澳大湾区、成渝四极,承担的交通运输量最繁重,是综合性、多通道、立体化、大容量、快速化的交通主轴,从统计数据看,京津冀至长三角、京津冀至粤港澳、长三角至成渝主轴的客货流密度明显高于其他通道。"7廊"连通四极与更低层次的城市组团、组群,是多方式、多通道、便捷化的交通通道。"8通道"则是连通城市组团、组群,衔接主轴与通道,加强资源产业集聚地、重要口岸的连接覆盖。

(3)主骨架内部线路动态变化。规划实体线网里程29万公里左右,截至2020年底,铁路建成76%、国家高速公路建成92%、普通国道建成96%、内河高等级航道达标约60%。随着每年新建项目完工以及实施公路扩容、铁路电气化以及线路智能化改造等,未来主骨架内部的线路组成、通行能力及服务水平将一直发生动态变化。

(4)同一通道不同区段通行情况差异较大。主骨架通道长数百至上千公里,途经人口、产业密度和经济发展水平不同的多个省市,公路铁路各区段设计标准也存在差异,例如,长三角—成渝主轴沪汉蓉铁路各区段设计速度包括350、250、200、160公里/小时多个区间。目前主骨架通道未出现全线拥堵的情况,存在部分区段拥堵,如京津冀至长三角主轴的京沪高铁徐州段、京沪高速公路江苏段基本饱和。

2. 国家综合立体交通网主骨架关键区段

主骨架评价主要考虑四个方面。一是主轴线、主动脉功能。考察多方式连接重要城市,承担运输功能特点(如外贸、能源运输、安全、高端商务出行等),衔接交通枢纽情况。二是能力适应性及服务水平。结合主骨架运输强度大、资源配置效率高的特点,主要考察基础设施能力利用率、供需结构匹配情况、时速等服务水平。三是资源环境适应性。考察主骨架线位统筹、集约用地、节能低碳、生态环保。四是安全智能发展引领性。主要考察主骨架在安全智慧领域发展的引领作用。五是通道经济和社会效益。评价促进人口聚集、经济增长、优化产业布局等情况。

由于主骨架通道长距离大运量的特点,识别影响通道整体效能的关键区段是问题诊断的重要内容。从部分通道现状情况看,这些关键区段有多种类型。

类型1:部分区段能力趋于饱和、存在瓶颈。京津冀至长三角主轴,客货运需求高度集中,京沪高铁徐州段旅客列车对数超过150对/天,能力利用率接近100%,需要新建通道分担压力;京津冀至粤港澳主轴京广线能力利用率大区段饱和,京港澳高速公路广州段年平均日交通量超过6万辆,高峰区段超过12万辆。长三角至成渝主轴内的长江干线三峡船闸通过能力饱和,过闸船舶长时间待闸,过江跨河通道受到桥位资源限制出现能力局部紧张,如京台高速公路济南黄河二桥段年平均日交通量超过10万辆。部分跨省段建设时序和能力不匹配,如贵州与重庆的印江至秀山高速公路项目,贵州境内路段已建成通车,但重庆境内路段尚未开工建设,存在3年的时间差。

类型2:部分区段方式不齐全、运输结构不优。川藏通道尚未实现铁路、高速公路等大运量运输方式的"应通尽通"。铁路能力不足导致平行的高速公路、普通国道运量增加、能力紧张,例如京藏高速公路河北段年平均日交通量超过4万辆,国道307河北段年平均日交通量峰值超过4万辆。快速化需求显著的主轴内部分区段高铁线路配置不足,例如长三角至粤港澳主轴除了福州—厦门、汕头—深圳区段,其他区段未建成350公里/小时的高速铁路,影响了整条主轴的效率。

类型3:都市圈区段运输需求增长潜力大、土地资源明显紧张。主要是36个中心城市为核心的都市圈,是未来人口产业进一步集聚的地区,是新改建项目最为集中、资源集约利用要求最高的地区,也是目前节假日高速公路出现拥堵的主要区段。主骨架落地在都市圈地区,要求新改建铁路、公路、内河高等级航道线位以及枢纽的选址尽可能实现立体化、复合化。

3. 国家综合立体交通网主骨架优化配置

(1)做好规划统筹。

深化规划论证,推动通道内各种运输方式资源配置的一体化。立足"6轴7廊8通道"功能定位,研判沿线区域国民经济和社会发展需要,基于各种运输方式、服务模式的技术经济特点,以通道内各方式组合效益和通道系统整体效益最大化为基本导向,统筹通道内运输方式、服务模式配置方案和线路布局方案。充分发挥铁路、水运等大运量、集约化、环境友好型运输方式在通道内的主干作用,发挥道路运输等服务在提高城镇发展协同水平、推动基本公共服务均等化和乡村振兴方面的基础作用,发挥民航、高铁、高速公路等高速化方式对高品质出行和消费升级的支撑作用。利用信息技术为方式协同和全过程服务赋能,引导用户使用环境友好型出行方式。推动铁路、公路、城市轨道等运输方式尽可能共线建设,统筹利用好地上地下空间,提高单位资源的交通产出效率。推动高速磁悬浮等新型交通方式的探索与应用,特别是在交通主轴积极谋划做好预留。

做好规划衔接,推动通道与沿线经济社会和国土空间的一体化。综合运输大通道是支撑国民经济体系、锚固国土空间开发利用保护格局的主骨架。针对目前部分通道发展存在的交通布局、结构与沿线经济社会、国土空间的错配问题,应将综合运输大通道发展与沿线区域经济社会和国土空间开发保护一体考虑,分析通道发展带来的经济社会收益、通道建设面临的环境和土地等资源约束,在更大的格局和视角下推动通道发展。在制定综合交通运输体系五年发展规划时,应把"6轴7廊8通道"建设实施作为关键内容,按照构建新发展格局的总体要求,推动通道内各方式线路优先建设,带动整个国家综合立体交通网高质量发展。进一步推动"6轴7廊8通道"方案与国土空间规划方案深度衔接,充分考虑"碳达峰、碳中和"要求,将综合运输大通道的功能定位、空间形态、布局要求落实到国家、省、市县国土空间规划体系中,优先满足集约化、高效化基础设施和服务模式的要素保障。

(2) 强化发展指引。

根据国家重大战略和发展需求,因地制宜、突出重点、优化结构、加强衔接,有序推进综合运输通道建设。着力畅通 6 条主轴,加快建设沿江、沿海、京沪辅助通道等高速铁路,推动建设承担主骨架功能的城际铁路,扩能普速铁路、国家高速公路、普通国道运输繁忙区段,加快长江、京杭运河及支流高等级航道建设。加强"7 廊 8 通道"重点线路建设,推进建设西部陆海、大陆桥、成渝昆、广昆走廊等高速铁路,打通主要走廊和通道跨省市待贯通铁路、公路,改造提升铁路、公路拥堵路段,推进西江、淮河、江淮运河、平陆运河等高等级航道建设,提升川藏、沿边等通道普速铁路和普通国道。

加强线位统筹和网络衔接,提高资源配置整体效率。推进多种方式共用大江大河过江通道,完善相关建设项目管理程序和配套政策。组织开展多方式交通基础设施共用通道和断面空间整合关键技术研究,制定技术导则。协调新建、改扩建项目与既有设施线位,做好平行段、交织段线位关系论证,与沿线通信、能源、水利等基础设施协调布置,有条件的整合断面空间。优化主骨架与城市交通布局,合理分流过境交通和市内通勤,统筹布置综合运输通道进出城路段和平行的城市交通线路,打造复合型交通廊道。

三、省级综合运输通道

省级综合运输通道通常跨两个以上城市,长数百公里,串联多个城市节点、交通枢纽,宽度相对较窄、数十公里,可形成高速公路出入口或枢纽场站 20 分钟交通圈。相对于国家综合运输通道,省级综合运输通道尺度更小,功能评价内容相似,其中通道经济和社会效益分析更加具体,可落到乡镇层级的节点。目前我国不少省份都开展了综合运输通道规划布局工作,其中就包含了通道功能评价和系统配置。本书以湖北省的两条通道为例进行分析。

1. 湖北十宜恩、随岳通道的功能评价

湖北省交通区位优势突出,经过多年的发展,已形成由铁路、公路、水运、航空等多种运输方式组成的综合交通运输体系,基础设施骨架基本形成。"五纵四横"综合运输通道布局初步形成,其中南北向的十宜恩、随岳通道为省级通道,其他通道为国家综合运输通道。

(1) 十宜恩通道。该通道客货运输量以省内、特别是鄂西南和鄂西北地区为主。目前没有铁路,运输方式以公路特别是高速公路为主,2018 年高速公路客货运输量分别为 0.28 亿人和 0.32 亿吨。该通道内的呼北高速公路建成通车时间不长,客运量处于较快增长阶段。该通道十堰至洛阳(三门峡)高铁、十堰至郑万高铁联络线、当阳至远安铁路、宜昌至郑万高铁联络线、房县经神农架至五峰高速公路、巴东至鹤峰高速公路等众多高等级大运量线路均是在建或规划状态。预测 2035 年十宜恩通道客货运量可达 1.8 亿人和 2 亿吨,其中铁路客货运输量分别为 3000 万人和 100 万吨,公路客货运输量分别为 1.5 亿人和接近 2 亿吨。

(2) 随岳通道。该通道以货运功能为主,客运功能为辅。运输方式以公路为主,以铁路为补充。通道客货运输量辐射范围以省内为主。铁路方面,从通道的线路构成看,现有的小历铁路、潜江铁路支线、天门至仙桃铁路支线,以及规划的随州至天门铁路、潜江至荆州铁路均为支线。规划的铁路线路运输能力、运输功能对通道客运量的提升作用有限。2018 年该通道仅有 269 万人的过境铁路客运量,没有经该通道铁路线路进出的客运量;货运量规模仅为 101 万

吨,几乎全部为过境的货运量。考虑未来随州至天门铁路、潜江至荆州铁路建成,与小厉铁路共同构成贯穿江汉平原南北方向的铁路,预计2035年铁路客运量约700万人。由于该通道铁路客运量基数较小,未来增速相对较快,年均增长5.8%。货运方面,通道内铁路线路货运功能不强,未来货运量规模较小,约为400万吨,年均增长8.5%。公路方面,通道内主要有许昌至广州公路(G0421)和随州至荆门两条高速公路,其中以许广高速公路的运量为主;运输功能以货运为主,客运为辅。2018年该通道高速公路客运量0.28亿人,2015年以来年均下降2.1%;货运量连续增长,2018年1.45亿吨,2015年以来保持了13.5%的年均增速。预测2035年随岳通道客运量可达4700万人,年均增长1.5%;货运量5.1亿吨,年均增长7.3%。

2. 湖北十宜恩、随岳通道的系统配置

根据湖北省交通网络现状及主要方向客货流发展趋势,在综合运输通道系统配置规划方案中,注重与国家战略及区域规划、湖北省城镇体系格局、各方式专项规划的衔接,充分考虑各运输方式技术经济特征,发挥各自比较优势,注重土地、线位、桥位等资源的复合立体开发利用。规划综合运输通道将连通主要城市群和重要的城市、口岸、风景旅游区,重要的交通枢纽和物流中心,重要的开发区或工业园区等经济节点。根据连通要求适当调整通道走向和外延通道,注重各级通道间的功能互补,优化各通道的结构,着力消除能力瓶颈。

(1)十宜恩通道系统配置方案。该通道纵贯鄂西平原和山区,连接鄂西及湘西著名的旅游景点,是生态、旅游大通道。省内主要联系节点包括郧阳区、十堰、房县、保康、宜昌、恩施、宣恩等。既有线路包括呼北高速公路(G59)、国道209、省道233、省道235、省道236、省道245、省道255等,规划线路包括十堰至洛阳(三门峡)高铁、十堰至郑万高铁联络线、当阳至远安铁路、宜昌至郑万高铁联络线、房县经神农架至五峰高速公路、巴东至鹤峰高速公路等。

(2)随岳通道系统配置方案。该通道主要承担江汉平原南北向交通,同时分担黑河至港澳、二连浩特至湛江国家运输通道的交通压力。省内主要联系节点包括随县、随州、京山、天门、潜江、监利等。既有线路包括小厉铁路、江汉平原货运铁路等,许昌至广州高速公路(G0421)、国道240、省道243等,规划线路包括仙桃至洪湖至监利铁路、随州至荆门高速公路等。

四、市级综合运输通道

市级综合运输通道跨市内多个城区或组团,长数十公里,影响范围包括通道内高速公路出入口或枢纽场站10分钟交通圈。市级综合运输通道线路组成包括高速公路、铁路以及城市快速路、城市轨道等城市交通线路,作为市域交通网络主骨架,在承担对外交通的同时,也承担了大量组团间交通。市级综合运输通道在服务带动沿线城区开发、产业园区发展以及新城建设中发挥重要作用,相比国家、省级综合运输通道,与沿线经济社会发展及国土开发的联系更加紧密,面临的需求结构更加复杂;同时,市级综合运输通道往往途经开发强度较高的城区,线路配置、站点设置受土地资源、生态环保等影响较大,对于集约利用土地资源、降低生态环保影响方面有更高要求。因此,市级综合运输通道的功能评价对于资源环境适应性、通道经济和社会效益的分析更加精细,系统配置方案对需求分析预测结论要求更加精准。城市综合立体交通网规划中通常都包括综合运输通道规划,包含了通道功能评价和系统配置内容(详见本书第五章、第六章)。本章以深圳至东莞综合运输通道为例进行简要的功能分析。

深圳所在的深莞惠都市圈城镇、产业分布密集，组团间短途交通需求强度大。深圳作为深莞惠都市圈重要的经济中心，其综合运输通道既要承担深莞惠之间的中短途交通，也要承担区域对外及过境的中长途交通。以下以深莞通道为例进行分析，可分为西通道和东通道。

1. 深莞西通道

该通道除贯通深圳、东莞外，还延伸至广州、香港，既是衔接广深港发展轴重要城镇、产业节点的运输走廊，也是深度推进港深莞惠合作、强化与广佛肇都市圈联系的战略通道，辐射粤北及湖南、广西、贵州等中西部地区的重要通道。目前，深莞西通道内主要有京港澳高速、广深沿江高速、龙大高速、南光高速、国道107等五条干线公路，以及广深港客运专线、穗莞深城际轨道。

通道运输适应性方面，京港澳高速公路和国道107已饱和，龙大高速公路、南光高速公路主要在深圳境内，承担沿线组团间的短途交通；广深港客运专线铁路广深段以及穗莞深城际轨道分别于2011年、2019年开通运营后，通道中长途交通压力有所缓解，但整体交通压力仍然较大。深莞西通道除承担深莞惠都市圈与广州、佛山等周边城市和湖南、贵州等中西部地区的对外交通需求以及这些区域往返香港之间的过境交通需求外，还承担大量莞深城际交通及沿线组团之间的短途运输。随着沿线城镇组团的快速发展和产业的集聚开发，以及深莞惠一体化发展"同城效应"的进一步显现，通道沿线组团之间通勤、通学、商务等短途交通需求将大幅增长，干线公路通行能力与公路交通需求相比仍存在一定差距，尤其是龙大高速公路、南光高速公路进入东莞后向莞城方向均需接入国道107，局部路段交通压力过大。

2. 深莞东通道

深莞东通道由广州经东莞东部、深圳中部至香港，南北向纵贯深莞惠经济圈中部，是珠江东岸地区重要的城镇、产业集聚发展轴。深莞东通道既是衔接沿线城镇和产业节点、强化港深莞惠合作的运输走廊，也和深莞西通道一起构成深莞惠都市圈辐射粤北及湖南、贵州、重庆等中西部地区的重要通道。目前，通道内主要有增（城）莞深高速公路、从（化）莞深高速公路和广深铁路，主要承担与香港、广州等中心城市以及湖南等更远区域之间的中长途运输，并兼顾沿线组团间的中短途交通。该通道内除高速公路外主要通过松山湖大道等局部连通的快速路、主次干道承担组团之间的短途交通，缺乏贯通整个通道、以服务短途区间交通为主的快速路，将导致大量短途区间出行选用高速公路，给通道局部路段带来过大交通压力。

本章参考文献

[1] 耿彦斌,孙颖.基于供需平衡的综合运输通道网络布局方法[J].综合运输,2016,1:42-48.

[2] 王维凤,林航飞,陈小鸿.高等级运输通道的潜在运输需求分析[J].城市轨道交通研究,2004,3:54-56.

[3] 李艳红.综合运输通道客运结构优化理论与方法研究[D].北京:北京交通大学,2010.

[4] 周成成,张齐龙.综合运输通道运输质量评价指标体系研究[J].公路与汽运,2013,4:101-103.

[5] 唐建桥.区域运输结构优化研究[D].成都:西南交通大学,2013.
[6] 罗苗苗.基于灰色关联法的天津交通用地集约利用综合评价研究[J].天津经济,2017,10:15-20.
[7] 黄慧.基于生态城市理论的绿色交通评价体系研究[D].长沙:湖南大学,2016.
[8] 吕靖.基于出行方式选择的区域运输通道客运结构协同研究[D].西安:长安大学,2017.

第四章

综合运输通道发展模式创新

我国进入新发展阶段,新一轮科技革命和产业变革深入推进,国土空间治理深刻变革,综合运输通道发展面临新的机遇和挑战。一方面要适应构建新发展格局、加快建设交通强国的要求,充分应用先进技术,优化完善通道功能布局,提高通道效能,满足国际、区际、省际、城市群客货流需求;另一方面要应对土地资金等要素更加紧张、生态环保要求更高、新技术应用于运营管理等挑战和变化,创新发展模式,实现高质量发展。

第一节 经济社会发展新形势对综合运输通道的影响

一、进入新发展阶段

我国进入新发展阶段,经济增长呈现出"速度变化、结构优化、动力转化"三大特征。经济从高速增长转为中高速增长;经济结构不断优化升级,第三产业、消费需求逐步成为主体,城乡区域差距逐步缩小,居民收入增长,发展成果惠及更广大民众;经济从要素驱动、投资驱动转向创新驱动。在经济体系方面具体呈现出三类变化,一是产业结构的高端化,以制造业为核心的实体经济快速发展,产业结构优化升级,大数据、人工智能与实体经济深度融合,在中高端消费、创新引领、共享经济等领域培育新增长点,形成新动能,促进我国产业迈向全球价值链中高端;二是居民消费能级的扩大化,以移动支付为代表的新消费模式快速增长,出行消费、信息消费、旅游消费等新型消费发展迅速,居民消费总量显著扩大,将成为我国经济增长的主要动力;三是共同富裕导向下的城乡发展均等化,城乡区域协调联动、市场体系进一步完善,区域协调战略实施,产业梯度转移格局趋于明显,各大板块之间的产业联系更加紧密。

新发展阶段从需求端对综合运输通道发展提出以下三方面要求:

(1)要求通道适应全社会客运总需求的增长。结合国家综合立体交通网和"十四五"综合交通运输规划研究的预测,综合考虑经济增长、人口规模、城镇化进程等影响客运出行的主要因素,预计到2035年前,我国旅客运输量年均增速在3%左右,增速总体平稳,最后一个五年增速稳中趋降。作为综合运输需求的集聚区,通道需求增速将高于全国的客运出行,相较于2030年左右全国人均客运需求达到"天花板"的要求,国家级通道的出行强度规模可能延缓

5~10年"达峰"。

(2) 适应全社会货运总需求的增长。随着能源结构不断优化、钢铁工业布局调整,煤炭、矿石等大宗物资运输需求增长放缓,货运总量进一步增长但增速放缓,到2035年前货运总量年均增速在2%左右。货运强度(每万元生产总值产生的货运量)仍将呈现下降趋势。综合运输通道作为战略性物资的主动脉,货运量年均增速和货运强度将表现为"一领先一滞后"的特点,一方面货运量需求向通道集聚,货运增速高于同期综合立体交通网的平均水平;另一方面作为支撑产业转型升级和战略物资的主要走廊,国家级的物流大通道货运强度降低的速度略小于全国的平均水平,但在高附加值货物运输的绝对增量方面高于全国。

(3) 适应客货运输多样化高品质的要求。从发达国家客货运输需求演进特点和近些年我国客货运输需求的新特征,判断新发展阶段综合运输通道需要适应更加多样化、定制化的要求。如适应快速增长的城际出行、旅游休闲出行需要。随着城市群、都市圈的不断发展以及区域高铁、城际铁路、轨道交通的不断完善,城际通勤、商务等出行需求将快速增长。我国已成为全球最大的旅游客源市场,2018年内地公民出境旅游突破1.5亿人次,国内旅游人数55.39亿人次,二者近五年平均增速均超过10%。伴随跨境电商的快速发展和"一带一路"倡议的推进实施,我国国际快递和国际运输迎来大发展(2019年我国海淘人数超过1.5亿人次,较2016年增长275%),未来国际货运需求规模将进一步扩大,对于民航、中欧班列、海上运输的需求精细化、全链条化诉求提升,综合运输通道需要率先适应这些变化。

二、贯彻新发展理念

习近平总书记在党的十八届五中全会上提出了"创新、协调、绿色、开放、共享"的新发展理念,强调"创新发展注重的是解决发展动力问题,协调发展注重的是解决发展不平衡问题,绿色发展注重的是解决人与自然和谐问题,开放发展注重的是解决发展内外联动问题,共享发展注重的是解决社会公平正义问题"。贯彻落实新发展理念,要求加强前瞻性思考、全局性谋划、战略性布局、整体性推进,切实转变我国经济发展方式,推动质量变革、效率变革、动力变革,实现更高质量、更有效率、更加公平、更可持续、更为安全的发展。综合运输通道发展贯彻落实新发展理念,主要体现在以下方面:

(1) 创新是推动综合运输通道发展的有效手段。从世界交通强国发展的历程看,利用技术进步占领全球交通发展制高点是强国建设的不二选择。作为目前国内资源、技术和信息高度密集的带状空间,综合运输通道的建设应当关注管理机制创新,通过突破体制机制藩篱提高方式协同效率、构建促进行业融合创新的土壤;应当关注技术创新以及新技术与交通运输业的融合,充分利用科技进步挖掘交通运输系统潜力,培育新发展模式,提高交通运输行业以及经济社会的综合效能。

(2) 协调是推动综合运输通道发展的必由之路。从国内外综合运输通道发展的成功案例来看,通道内各方式协调发展是综合运输通道效能提升的最直接方式,也是推动交通运输可持续发展的关键一招。贯彻好协调发展的理念,要求综合运输通道结合经济社会发展的实际需要,推动"宜铁则铁、宜公则公、宜水则水、宜空则空",提高通道内各方式的投入产出效率;要求综合运输通道支撑和服务京津冀协同发展、粤港澳大湾区建设、长江经济带、长三角一体化发展、黄河流域生态保护和高质量发展等区域重大战略,实现与经济社会发展、城镇体系和国土空间开发保护的协调互动。

(3)绿色是推动综合运输通道发展的重要方向。发展绿色交通,走可持续发展道路,是全球范围内交通强国的共同选择。贯彻绿色发展理念,要求综合运输通道发展注重运输结构调整,减少单位交通运输服务的资源占用和污染排放;要求率先试点和推动交通运输节能减排、新能源、污染防治等领域的技术研发;要求形成政府部门、企业、高等院校、科研机构、社会组织、公众等多方合力的良好局面。

(4)开放是推动综合运输通道发展的关键路径。综合运输通道抵边达海、联通重要国际枢纽,是连接内陆促进对外开放的关键。贯彻开放发展理念,要求综合运输通道更好服务构建双循环新发展格局,以丝绸之路经济带六大国际经济合作走廊为主体,强化国际运输通道,畅通国际国内供应链,提高面向全球的运输服务网络效能。拓展国际运输服务品类,完善相关制度标准,推进跨境运输便利化,为更高层次的对外开放提供基础支撑。

(5)共享是推动综合运输通道发展的重要目标。共同富裕是社会主义的本质要求,交通运输关系国计民生、千家万户,在促进共同富裕中作用重大。贯彻共享发展理念,要求综合运输通道适应我国经济社会发展要求,打通大动脉,服务各类要素高效流动,支撑带动人口和产业体系、城镇体系布局,提高经济社会实力,做强共同富裕的基础;要求对照建设人民满意交通要求,不断缩小交通运输的地区差距、城乡差距,扩大综合运输通道覆盖连通范围,提高全国主要区域居民出行服务品质,使得交通运输服务更多惠及弱势群体。

三、构建新发展格局

加快构建以国内大循环为主体、国内国际双循环相互促进的新发展格局,是党中央根据我国国际国内环境、条件的变化,在正确认识客观规律的基础上,做出的关乎发展全局的重大战略决策。构建新发展格局是新发展阶段需要完成的重大历史任务,也是贯彻新发展理念的重大举措。

构建新发展格局关键在于经济循环的畅通无阻。综合运输通道是国内国际双循环的动脉,保障经济循环畅通无阻,要求加快推进各种运输方式统筹融合发展,打通方式间衔接不畅、结构不优导致的堵点和痛点,促进基础设施完善和运输组织优化,提升系统整体效率,让人员物资流动更加快速、更加顺畅、更加经济。具体来说主要有以下三方面要求:

(1)要求国家综合运输通道畅通。近年来,东部地区的产业转移从传统劳动密集型中低端产业向电子信息、机械、医药、汽车等高端产业拓展,东中西部之间、南北地区之间客货运输交流日趋强烈。中西部地区的公路等级、铁路密度和东部地区相比还有差距。未来需要进一步优化跨区域通道资源配置,强化中西部地区与东部地区的铁路、水运连通,完善中西部地区物流服务网络,大力发展多式联运,支撑全国网络化、均衡化的产业空间格局趋势,打造我国产业链、供应链的成本优势。

(2)要求城市群通道畅通。我国要素资源向城市群都市圈集聚趋势十分明显,"十三五"时期,珠三角、长三角城市群年均人口净流入分别为69万人和61万人;2020年我国19个城市群贡献80%以上的国内生产总值,比2006年增加10%以上。城市群都市圈产业集群功能得到强化,物资人员交流显著增加;北京、上海人均年快递数量分别为 103 件、140 件,是全国人均水平的 2.3 倍和 3.1 倍。强化城市群都市圈综合运输通道建设,形成与产业格局相适应的区域交通运输格局,有助于提高经济发展增长极的内生效率,提高区域循环效率。

(3)要求市级通道畅通。目前我国大城市居民出行花费时间普遍较长,综合运输通道与城市交通衔接不畅问题较为突出。我国电商物流发展迅速,2020 年网上零售额比"十二五"时期末增长 203%,快递服务企业业务量比"十二五"时期末增长 303%,但末端物流服务网络尤其是城乡冷链物流还很不完善。推动我国消费提质扩容,需要满足居民便捷出行和物资流通规模进一步扩大、时效性进一步增强的需求,提高干支衔接效率,推动城际干线运输和城市客货运输高效转换,加强末端"最后一公里"建设,降低"门到门"出行时间和全过程物流成本。

四、加快建设交通强国

加快建设交通强国,推动交通发展由追求速度规模向更加注重质量效益转变,由各种交通方式相对独立发展向更加注重一体化融合发展转变,由依靠传统要素驱动向更加注重创新驱动转变,要求综合运输通道更加关注投入产出效益、通道经济带动作用、全周期全要素效益效率,更加关注绿色智慧安全发展、各方式路径统筹、多方式共建共用共享、点线协调,更加关注通道发展模式创新和体制机制改革等。

落实交通强国战略,《国家综合立体交通网规划纲要》不仅确定了主骨架布局,还对综合运输通道发展提出明确要求。文件指出要统筹通道规划建设,节约集约利用通道线位资源、岸线资源、土地资源、空域资源、水域资源,促进交通通道由单一向综合、由平面向立体发展,减少对空间的分割,提高国土空间利用效率;统筹考虑多种运输方式规划建设协同和新型运输方式探索应用,实现陆水空多种运输方式相互协同、深度融合;用好用足既有交通通道,加强过江、跨海、穿越环境敏感区通道基础设施建设方案论证,推动铁路、公路等线性基础设施的线位统筹和断面空间整合;加强通道与通信、能源、水利等基础设施统筹,提高通道资源利用效率。此外,对于综合运输通道建设过程中关注交通与相关产业融合发展、安全发展、智慧发展、绿色发展,关注人文建设、提升治理能力等方面,《国家综合立体交通网规划纲要》也作出了具体的要求。

综合运输通道建设是交通强国建设试点的重点领域,被很多省份列为交通强国建设试点的重要任务,在编制省级综合立体交通网规划时也突出了通道规划建设。在推动通道内各种运输方式之间、内部与外部、传统与新型、建设运营与管理的统筹协调,推动综合运输通道整体效能提升等方面,亟需国家层面给予指导。

第二节 新技术发展对综合运输通道的影响

科技不断进步,不仅将交通运输系统的效率、安全、节能、环保水平提升至新的高度,还将推动交通基础设施、载运工具、运营管理、运输与出行服务等转型升级,对综合运输通道发展有较大影响。

一、提升通道运输能力

目前,欧洲的"主动化交通和需求管理(ATDM)"建设效果显著,可以通过智慧化手段显著提升道路交通通行能力。据统计,相关实施路段交通事故率下降18%,交通流量提升3%,最为突出的是二次事故率下降40%~50%。未来,随着智慧公路的建设,越来越精细化、智能化的管控手段将会显著提升综合运输通道内公路通行能力,改善乘客出行体验。新一代更高效、更智能、更环保的列车控制系统,使得列车追踪间隔由目前的最短3分钟缩短到2分钟左右,提高线路运输能力30%以上,人均百公里能耗可降低30%左右。3万吨级重载列车较既有货车车辆载重提高8%以上,列车编组吨位提升50%以上,将有效促进全社会物资的大交换、大交流,充分凸显铁路长距离、大运量的运输优势,对推动物流降本增效产生深远影响。

二、改善通道服务品质

新一代信息技术在通道内得到广泛应用,有利于提高通道运营效率和服务水平。高速磁悬浮列车最高运行时速可达到600公里及以上,与既有轮轨交通运输工具相比,运输时间显著缩短。时速250公里级高速轮轨货运列车相较于传统货运列车,其速度提升明显,并配套先进集装化器具和快速装卸与搬运技术等,整体运输效率将大幅提升。

三、优化通道运输结构

高速磁悬浮专线开行后,铁路运输供给能力将会大幅提高,由于其快速、安全、节能、环保等优势,未来将会吸引部分高铁、普速以及城际铁路的客流量,导致铁路运输供给结构发生变化。同时磁悬浮铁路与既有铁路网不兼容,不能做到互联互通,现有建设需要考虑和未来高速磁悬浮衔接的问题。

3万吨级重载列车在运量不变的情况下,可减少一半以上既有列车开行对数,而且现有货运场站的铁路装卸线、搬运场地等设施的服务能力难以满足短时间大规模货物装卸存储需求,货运场站的扩建改造将成为基础设施建设重点。针对250公里级高速轮轨货运列车,也需要对铁路站点进行适应性改造。

智能船舶使得水路运输的各个环节更加便捷可控,水路运输的经济、环保优势将会得到充分发挥,承担大宗物资长距离运输的条件得到优化。智能船舶还可以摆脱船员因素的制约,船舶运输的组织将更加灵活,运输成本将会进一步优化。

四、提高通道安全可靠性

自动驾驶算法的设计本身会规避违反交通规则的驾驶行为,同时路测设备和临近车辆可以传递远处的交通状况,进一步降低后续车辆发生事故的概率。随着通信能力和硬件计算能力的提升,自动驾驶系统的反应能力会远高于人类驾驶员,车辆的避险能力也会随之加强。根据欧盟委员会2018年的研究,欧洲将逐步推进车辆强制性加装V2X(vehicle to everything,车对外界的信息交换)设备,在2030年完成对重型货车的改造,认为使用该技术可以在2050年彻底消除道路交通事故。

五、促进通道更加节能环保

围绕"碳达峰、碳中和"目标与愿景，顺应交通运输装备的电气化和清洁能源化趋势，基于综合交通网络和电网、油气网点运行状态监测和耦合关系，推动综合运输通道场景下的供能、充电装备规划，探索"车-桩-路-网"协同规划，合理优化充换电、加油设施布局，扩大新能源功能有效覆盖，提高充换电设施效率和服务水平。做好铁路、公路、内河航道与管道、输电通道等设施的线位统筹，推动具备条件的交通与能源设施共用廊道、合并过江。

第三节 国土空间治理变革对综合运输通道规划的影响

一、国土空间治理变革趋势

空间规划是国家空间治理的重要手段。党的十八大以来，习近平总书记就国土空间规划做出了一系列重要论述，强调整合各类空间性规划，编制统一的空间规划，建立健全国土空间开发保护制度。2019年5月，党中央、国务院发布《关于建立国土空间规划体系并监督实施的若干意见》（以下简称《意见》），对空间规划工作做出了顶层设计和重大部署，明确提出将主体功能区规划、土地利用规划、城乡规划等空间规划融合为统一的国土空间规划，实现"多规合一"，到2020年基本建立国土空间规划体系，到2025年形成以国土空间规划为基础的国土空间开发保护制度。

按照《意见》要求，自然资源部推动国土空间规划编制和"三区三线"（城镇空间、农业空间、生态空间三区，生态保护红线、永久基本农田、城镇开发边界三线）划定两项重点工作。按照"五级三类"（国家级、省级、市级、县级和乡镇级五级，总体规划、详细规划和专项规划三类）规划体系，全面开展国土空间规划编制工作。与国土空间规划编制同步，自然资源部按照《意见》提出了"四体系"（编制审批体系、实施监督体系、法规政策体系、技术标准体系）工作要求，陆续出台和正在编制一批配套制度文件。

本次空间规划改革具备四个突出特点。一是空间规划治理调整幅度大，统一了复杂交织的国家空间规划体系，实现空间各类要素的"一张底图""多规合一"，并引导空间规划思路由增量扩张型向存量重构型转变。二是规划编制技术体系新，重构了空间规划技术标准体系，将全国统一的国土空间基础信息平台摆在了关键位置，为多层次、多元化、多要素规划方案的提出和衔接构建了基础。三是规划编制审批实施管控严格，以制度建设严格规划管理流程，明确"管什么就批什么、批什么就做什么"的基本原则，并通过三条控制线（即"三线"）的划定确立规划对空间管控的权威性。四是规划实施制度性强，按照边探索、边建设、边总结的模式，在推进规划工作的同时，同步起草和发布各类规划制度文件和规划关系协调规则、准则，及时处理各种问题与矛盾。

二、国土空间治理变革对综合运输通道规划的要求

1. 对交通运输规划的要求

建立国土空间规划体系并监督实施,实现"多规合一",强化国土空间规划对各专项规划的指导约束作用,是党中央、国务院作出的重大部署。从目前看,对交通运输规划的要求可概括为以下五个方面。

(1)"多规合一",要求做好一个"统"字,确立综合交通规划的抓总地位,实现交通"一盘棋、一张图"。国土空间规划旨在解决空间规划"多规冲突"问题,将分属于发展改革、自然资源、住建等部门的空间类规划,由一个部门在一张底图上按照一个思路形成一个综合的规划方案。在"多规合一"的基础上,推动"多审合一""多证合一",实现空间治理体系的重构与治理能力的提升,向要素综合要效率、向空间整体要效率。与国土空间规划类似,交通规划同样存在"多规冲突"的问题。横向上,铁路、公路、水运、民航、管道规划大都"以我为主"自成体系,各种运输方式线位布置不协调、通道资源难共用、枢纽衔接不顺畅的问题比较突出。纵向上,国家、区域、省、市县规划传导机制有待进一步完善,受到分层管理体制的影响,各层级规划之间缺乏整体统筹,相邻省市之间的规划方案缺乏衔接,未能自上而下形成规划"一盘棋、一张图",与"多规合一"的要求还有较大的差距。顺应国土空间治理变革趋势,应抓住一个"统"字,确立综合立体交通网规划等综合类交通基础设施规划在行业布局类规划的统领地位,做好各运输方式发展规模与空间布局的衔接平衡,在行业"多规合一"的基础上实现与国土空间格局的有效衔接。

(2)国土空间规划体系重构,要求做好一个"融"字,优化交通基础设施规划体系。在"五级三类"国土空间规划体系下,各级各类规划在编制审批等方面的要求各不相同,在内容、深度、技术规则等方面也存在显著的差异。在规划编制方面,国家级总体规划侧重战略性,确定交通基础设施用地总体规模和主要的功能空间;省级规划侧重协调性,确定综合交通网布局;市县和乡镇级规划侧重实施性,确定基础设施布局选址和廊道、枢纽控制要求,与三条控制线的协调和落地管控工作要在市县级详细规划层面完成。在规划审批方面,自然资源部门重点对控制性的总体空间格局和关键控制指标进行审批。交通基础设施规划有着对象多样(点、线、面要素多样化)和治理模式复杂的特点(方式"条"、行政"块"分类分层治理),针对本次空间规划改革在规划体系方面的新要求,应抓住一个"融"字,对应国土空间"由总及分、由粗而细"的特点,梳理交通基础设施规划体系,在各级各类规划层面实现交通基础设施与国土空间规划内容的充分衔接,特别是详规层面的落地衔接。此外,为保证规划编制、审批、实施等环节的顺利衔接,做好交通发展的资源预留管控,还需要优化规划管理流程、提高管理效率,在顶层设计层面实现"两规协同"。

(3)规划实施监管政策趋紧趋严,要求做好一个"转"字,调整交通运输规划思路、修订相关法规制度。国土空间规划改革的核心工作是划定"三区三线"管控开发与保护格局,三条控制线中又以生态保护红线最为严格,该项工作与生态环境部"三线一单"和国家林草局"自然保护地"制度一同构成了当前我国资源环境管理政策体系。国土空间规划实施监管政策趋紧趋严是大势所趋,这要求交通运输规划做好一个"转"字,针对建设用地指标收紧、永久基本农

田占用和围填海难度加大、生态红线刚性日益突出等新形势,转变交通规划思路,将国土资源的集约化利用水平作为行业发展的基本导向,注重既有存量挖潜,提高增量集约节约利用资源水平。与此同时,开展相关法规制度研究,建立与自然资源、生态环保等部门顺畅的沟通协调机制,解决基础设施穿越和占用"三区三线"时产生的重大规划矛盾。

(4)规划技术标准体系全面升级,要求做好一个"深"字,调整和完善交通运输规划技术体系。自然资源部制定实施了《省级国土空间规划编制指南》《市级国土空间总体规划编制指南》等一系列技术规范和标准文件,对各级各类国土空间规划的内容和技术深度、规划精度作了细致要求。与之相比较,目前交通基础设施规划存在深度和精度方面总体偏低、规划周期不衔接的问题,如既有公路、铁路等线性规划需要到项目可研阶段才能够满足1:10000的"一张图"衔接精度要求;港口、机场等总体规划精度一般在1:10000以上,但规划周期偏短(一般为10年),时间上无法对标。解决以上问题,要求交通运输行业做好一个"深"字,结合行业规划特点调整相关标准、规范和前期工作程序,破解"两规"(城乡总体规划和土地利用总体规划)标准不衔接问题,同时解决各方式之间规划技术标准的差异化问题,为行业"一张图"、交通与国土"一张图"提供技术条件。

(5)建立全国统一的国土空间基础信息平台,要求做好一个"新"字,建设适应新形势的交通运输规划管理信息系统。本次国土空间规划改革,对空间信息平台建设的重视程度达到了前所未有的高度。自然资源部要求完成省、市、县级国土空间基础信息平台建设,未完成国土空间基础信息平台和系统建设的区域不得先行报批国土空间总体规划。国土空间基础信息平台具备统筹各类空间要素、横向协调相关部门、纵向统一规划理念等重要功能,是国土空间规划编制、审批、实施、监督等工作开展的基本载体。根据国土空间基础信息平台总体架构,交通运输主管部门是信息平台的分节点,要求做好一个"新"字,按照国土空间规划的新要求,构建上下贯通、统一部署、有机连接的交通基础设施规划管理信息系统,统筹行业各方式、全要素规划信息资源,实现与国土空间基础信息平台的对接和信息共享,满足"两规"协同的技术和深度需要。

2.对综合运输通道规划的要求

适应国家发展规划、空间规划、交通运输规划体系的调整变化,综合运输通道规划理念、编制技术要求和规划管理都面临新要求。

(1)优化通道资源配置、推进协同管理运营。我国经济发展的空间格局正在发生深刻变化,中心城市和城市群正在成为承载发展要素的重要空间载体,综合运输通道沿线的城市功能结构优化和产业转型升级,通道功能面临新变化,与沿线产业城市融合发展模式亟待探索创新。另外,生态文明建设和国土空间规划管制对建设用地要求趋紧,三条控制线刚性总体趋严,要求通过协同管理运营模式创新,提高集约化运输方式的分担率、提高功能复合化资源的利用率、提高通道内部各方式径路的协同率,多措并举扩大既有设施的利用水平和服务能力。

(2)推进智慧交通发展和新技术应用。从国内广深港通道、沪杭通道、G60科创走廊等发展经验来看,综合运输通道是新型交通基础设施发展的试验场和集中应用平台。目前交通基础设施、装备在新型互联网、大数据、机器人等科技进步推动下快速迭代演进,有必要加快智慧公路等新型交通技术装备在通道中的应用,进而引领行业智慧交通和新型技术的发展。

(3)创新通道规划管理体系。适应国土空间规划改革趋势,对应"五级三类"规划体系及其内容设置、技术要点,进一步研究通道规划应遵循的规划理念和内容,不同层级、功能类型通道规划的异同点。其中,国家、省级通道规划重点是确定廊道的功能、走向和线路组成,市级通道需要解决好线路落地、与沿线产业城市融合发展问题,进而形成上下联动的通道规划管理体系。

第四节　综合运输通道发展模式创新

一、实现立体复合利用,推动通道绿色发展

1. 推动通道多方式多路径立体组合

集约利用通道线位资源、岸线资源、土地资源、空域资源、水域资源,促进综合运输通道由单一向综合、由平面向立体发展,提高国土空间利用效率。用好用足既有通道,推动铁路公路等线位统筹和断面空间整合,探索繁忙路段采用高架+地面复合断面结构,如G15高速公路海口新港段在粤海大道上全线高架建设,规划珠肇高铁珠海段高架下修建市政道路。推动过江跨海、城市建成区、生态敏感区等资源稀缺地区通道设施集约节约布局、立体化布局,如在建的宜宾临港长江大桥,采用"四线铁路六车道公路"公铁两用桥梁方案,公铁10线平面布置。针对目前铁路公路等线性基础设施技术规范安全距离较大、并行线路和交织线路对空间分割带来的用地碎片化问题,建议在《公路铁路并行路段设计技术规范》(JT/T 1116—2017)、《公路铁路交叉路段技术要求》(JT/T 1311—2020)等规定的方式间铁路公路最小间距的基础上,开展不同方式、不同路径、不同速度和功能线路通道断面优化的技术方法探索。

2. 统筹通道存量与增量,严控增量,优化存量

通道内新建扩能性质基础设施,以既有设施利用率作为重要参考标准,如通道内既有高速铁路能力利用率不足80%的,原则上不应新建平行线路。改扩建和升级改造工程要充分利用原有土地等设施资源,充分利用老路预留的边坡、边沟用地进行路基加宽施工。通道内新建项目尽量占用废弃地,不占或者少占耕地。推进高速公路服务区等设施功能多元化、复合化,充分利用通道沿线枢纽场站等用地,科学配置汽车营地、旅游服务等多样化特色服务设施。

二、拥抱新技术变革,推动通道创新发展

1. 推动新技术在通道内的创新应用

推动通道内典型跨江跨海桥梁数字化、通道内线路运行协调管控、智慧铁路、智慧高速、智慧航道、智慧枢纽等项目发展建设,在新技术开发-应用-反馈循环中,推动通道内交通基础设施科技创新和成果推广。针对通道内各方式路径管控协同水平低问题,推动城市群地区通道

多方式、多路径的协同管控工程建设,以大数据、云计算、5G、物联网、北斗、人工智能等技术为支持,构建统筹层、应用层、数据层、传输层、资源层、保障层,并进行智慧可视化呈现,实现方式、路径和环境间信息互联互通,完善动态决策和相应机制,推动通道内各方式的一体化运营。

2. 发展规划信息平台技术

按照交通基础设施规划数字化、网络化和智能化的要求,将构建统一的交通基础设施规划基础信息系统作为支撑综合运输通道高质量发展的重要手段。构建"信息充分、数据可靠、上下贯通、横向畅通、对外联通"的分布式交通基础设施规划基础信息系统,及时获取国土空间基础信息平台提供的基础底图数据,交通基础设施规划、建设项目等数据,形成"用数据审查、用数据监管、用数据决策"的交通规划管理新机制。以既有规划管理系统为基础,拓展和完善综合规划管理功能,对外与自然资源部门在数据库标准、数据汇聚要求、数据库质量检查细则和相关接口规范等方面进行深入对接,对内推动铁路、公路、水运、民航、管道基础设施规划方案和平台的接入和共享。推动省级、市县级交通基础设施规划基础信息节点和信息共享机制的建设,保障各级节点间信息便利联通的同时,满足与国土空间基础信息平台衔接的需要。全面摸清交通基础设施底数,摸清既有设施利用率和提升空间。

三、强化"多规合一",创新通道规划模式

1. 与国土空间规划体系相衔接,完善交通基础设施规划体系

综合运输通道的布局和发展指引已经逐步形成共识,但是综合交通运输规划法律地位不明晰、编制办法等技术标准缺失,使得综合运输通道规划法律依据和传导机制缺失,统筹各种运输方式、优化路径配置的功能难以发挥。

有必要结合本轮国土空间规划体系"多规合一"改革,推动以综合立体交通网规划为统领的交通运输基础设施规划体系与国土空间规划"五级三类"规划体系衔接匹配,进而保障综合运输通道方案空间预留、层层传导、顺利落地。一是以《国家综合立体交通网规划纲要》为统领,自上而下建立全国统一的综合交通基础设施规划体系,对内统筹各方式规划方案形成行业空间"一张图",对外衔接国土空间总体规划、指导详细规划。二是交通与国土规划方案的落地衔接主要在详细规划层面开展,可考虑把详细规划作为交通基础设施规划的一类,即为工程设计之前基础设施规划阶段的最后一个环节,综合运输通道规划方案则需要明确通道主要方式、路径、等级、线路空间线位,实现与国土空间要素的落图衔接。三是对接国土空间规划体系构架,调整和理顺交通基础设施规划体系,主要包括综合立体交通网规划,铁路、公路、水运、民航以及安全应急等各类基础设施布局规划,综合运输通道规划、综合交通枢纽规划等,分为国家级、省级、市县级、区域级等四级。四是明确综合运输通道规划作为交通基础设施规划体系的重要构成,以及对于各方式规划涉及通道空间内部分的指导作用。各方式基础设施中长期规划和相关线位的内容要与对应通道规划方案做好衔接。各方式规划、省市综合立体交通网规划,应加强与国家综合立体交通网主骨架的功能协调、网络衔接,各级综合交通运输五年发展规划应优先落实主骨架建设任务。

2. 编制综合运输通道专项规划，因地制宜指引通道高质量发展

针对国家综合立体交通网主骨架等重要的综合运输通道，鉴于普遍存在涉及交通方式多、建设养护投资大、国计民生功能强、跨行政区多的特点，统筹协调难度大，可考虑编制综合运输通道专项规划，对线路配置优化、重大项目谋划、项目建设时序、重点区域统筹方案和空间预留等重大问题进行细化研究，在科学论证的基础上保障综合运输通道内项目优先建设，资源优先预留。

综合运输通道规划包括两方面的内容。一是确定线路配置方案。重点研究通道的发展定位、发展目标、范围边界、需求规模与空间、线路组成、技术等级、布局方案以及重要断面的统筹融合建设方案等，与国土空间规划等相衔接，预留空间资源需求。目前，国内部分城市群和特大城市结合国土空间规划已经开展了相关通道系统配置的规划研究探索。二是确定不同时期通道内项目的建设任务、建设时序，与综合交通运输体系五年发展规划相结合，便于相关各方形成合力推动通道建设。

3. 探索通道规划与"三区三线"空间协同模式创新，保障重要通道的资源预留

基于交通基础设施规划建设的特殊性，分级分类推动综合运输通道的规划建设，对于项目前期工作进展较深的，做好相关项目的线位规划论证工作，以定标定点的方式纳入国土空间规划"一张图"，对于线位不明确但功能要求和项目等级相对清楚的通道内项目，可考虑通过建立项目清单管理的方式，预留相关的土地指标和空间协调机制。有必要加强综合运输通道规划与国土空间规划协同，研究优化交通线性基础设施国土空间规划落图内容和技术要求，建立交通项目清单和落图方案定期更新调整机制。按照总量控制、清单管理、能落尽落的原则，提出综合运输通道用地规模、项目清单和近期项目图纸，纳入国土空间规划。

一些关键设施具有较强的稀缺性和排他性，容易成为综合运输通道规划建设的控制性工程（卡脖子区间），例如过江跨河通道，交通运输、自然资源等多个部门可联合研究国家综合运输通道的稀缺线位资源空间统筹问题，对于线路需求不明确、尚未开展线位规划的通道区段，重点开展通道内稀缺交通资源空间的研究和识别工作，将稀缺的线位空间作为独立的交通预留图斑纳入国土空间规划"一张图"，避免出现关键资源被占用的情况。

四、全面深化改革，创新通道发展机制

1. 创新综合运输通道要素保障机制

进一步研究完善中央交通建设资金政策，优先支持国家综合运输通道发展建设，加大对多种运输方式合并过江跨河通道的支持。各级地方政府应加大交通建设财政性资金支持，优先保障国家综合立体交通网主骨架建设配套资金，加大主骨架内普通国道改扩建、高等级航道升级改造等资金保障力度。优先保障国家和省级综合运输通道内项目用地、用林、用海指标。完善细化铁路、高速公路土地综合开发政策。

2. 研究完善综合运输通道规划编制机制

建议国家综合运输通道规划由交通运输部牵头、联合相关省市交通运输主管部门组织编

制。重要省级综合运输通道、城市群综合运输通道规划,由省级交通运输主管部门联合相关城市主管部门组织编制。

3. 探索建立综合运输通道管理协调机制

研究综合运输通道联络员制度和联席会议研讨制度,加强对通道发展重大问题的沟通协调,加强重大政策交流共享,推动信息共享互通。探索研究成立跨区域综合运输通道管理协调机构,统筹协调通道内的交通基础设施规划方案,统筹推进铁路、公路等线性工程的项目、枢纽场站项目,以及多式联运工程、信息化项目等。探索设立重点通道协调推进机制,推动落实包括重点路段规划建设、运营管理、信息互联互通等在内的综合运输通道发展重大事项,成立重大工程专业协调推进机构,集中推动涉及跨方式、跨部门、跨行政区的协调事项。加强与海关、检验检疫等口岸部门的沟通协调,提高通道综合服务效率。

第五章

城市群综合运输通道规划方法创新

城市群是我国经济社会发展的重要空间载体,也是加快建设交通强国的主战场。城市群综合运输通道是重要的通道类型,是城市群综合交通运输体系的主骨架,也是提高交通发展质量和效益、集约节约利用资源的空间载体,未来一段时期新建、改扩建项目最为集中。国内外城市群综合运输通道发展、线路配置研究方面已形成诸多可以借鉴的经验,以此为基础,顺应综合运输通道创新发展方向,提出基于交通产业城市融合的城市群综合运输通道规划框架和基本技术方法。

第一节 国内外城市群综合运输通道特征比较与借鉴

《交通强国建设纲要》提出到2035年基本形成"全国123出行交通圈"(都市区1小时通勤、城市群2小时通达、全国主要城市3小时覆盖),确定了建设城市群一体化交通网的任务。《国家综合立体交通网规划纲要》和《"十四五"现代综合交通运输体系发展规划》都把促进城市群交通发展作为重要内容。国内外城市群综合运输通道发展形态各异,但也具有一些共同特征,可以为研究城市群综合运输通道规划问题提供重要参考。

一、东京都市圈通道

东京都市圈,按照一都三县范围(东京都+神奈川县+埼玉县+千叶县),总面积为1.34万平方公里,人口为3562万人,人口密度为2663人/平方公里。东京都市圈通道主要由轨道和道路组成,呈放射状+环状(山手线)形态。起通勤作用的轨道主要集中在都心半径50公里范围内,总里程约2700公里,车站1510个;线网密度最高是在东京站5公里范围内,达到3.3公里/平方公里,线网密度随着都心半径的增加而逐渐降低。

根据日本国土交通省每10年开展一次的交通大调查(从1968年到2018年共完成了6次调查)及2008年以前的数据显示,东京都市圈出行总量一直呈现上升态势,出行率变化不大,出行总量的增长主要来源于人口的增长。2018年调查时发现,通勤出行的总量基本持平,但私事、回家出行显著减少。主要原因是受互联网发展影响,很多的会议和沟通都从线下转移到线上、文件递送从亲自递送改为电子邮件或网络方式传送等,电子购物快速增长,网络交友人数增加,因业务和私事产生的出行量大幅度减少。从空间分布看,交通发生与吸引多集中在位于中心的东京区部,出行沿铁路分布的特征明显。从方式选择看,铁路出行呈现"从近郊到核心区"为主的特征,而小汽车出行则呈现"从远郊到近郊"为主的特征;都市圈出行由内向外,核心区以铁路出行为主,郊区以小汽车出行为主。

东京都市圈的通道规划主要有以下四个方面。

(1)修建复线提升铁路通道的通勤通学服务功能。1965年至1980年,日本实施"东京通勤五方面作战",沿五条主要放射铁路(东海道本线、中央本线、东北本线、常磐线及总武本线)建设360公里的复线。主要铁路通道由复线变成双复线以及高架化或地下化的多复线,实现了客货分开、长短途分开、快速与普通列车分开。2002年,JR东日本旅客铁道株式会社提出实施"东北纵贯线计划"(现为上野东京线),利用该区间新干线的上层建造高架桥,合理利用原本就紧张的空间。线路于2015年建成运行,如图5-1所示。目前,环状的山手线客流最为密集,几乎每个区段都有不同铁路线与其并行,最多有7条复线共用该通道。

图5-1 上野东京线新干线上层建设高架桥

(2)新建新干线高速铁路和都市圈货运铁路,推动实现客货分开。1964年东海道新干线建成通车,与此同时,东海道货运线(品鹤线)开始建设。20世纪70年代,基本确立了新干线承担中长途旅客运输、品鹤线承担货运、既有东海道本线主要用于都市圈市郊通勤旅客运输的客货分流模式。后由于东海道线与横须贺线从大船站至东京站采取共线运营模式,东海道本线品川至鹤见段成为瓶颈区段,致使铁路运营班次严重饱和,日本铁路公司决定将两条线路进行拆分,把横须贺线列车迁移至经过客运化改造的品鹤线。1973年至1979年,新的东海道货运线陆续开通,开始承担原本行驶在品鹤线上的货运列车业务。

(3)保持统一制式,实现贯通运营,减少换乘。20世纪60年代,鉴于这些放射性铁路线路的大量客流在山手线换乘造成枢纽拥挤不堪的现实问题,日本政府决定大规模建设东京区部地铁时,即明确要求新建的地铁线路与郊外放射线路必须保持统一制式,实现贯通运营,减少换乘。减少大客流在中心城区的集中式换乘,最佳模式就是实现郊区与中心城区各主要核心区间的旅客直达运输。

(4) 尽早确定线位站位和配套土地开发资源。为引导通道沿线优化时空形态,铁路环线山手线范围内增加了地块的建筑高度上限和容积率上限,并允许土地所有者将未使用的容积率通过开发权转移方式,出售给其他土地所有者或开发商。允许限建区在提供合理的开发规划后转变为建设区,围绕主要站点建成城市副中心如上野、新宿、涩谷等。

二、美国华盛顿大都市区多模式交通走廊

1961年美国国家首都规划委员会发布《面向2000年的规划》,构建华盛顿大都市区多模式放射交通走廊,即由华盛顿出发,依托高速公路和轨道交通线路形成6条放射状的走廊,都市区未来增长主要集中在这6条走廊沿线。

该规划提出了由两个层次构成的交通组织模式。一是主交通廊道,由一条高速公路和一条轨道交通线路共同构成,轨道交通线路沿高速公路中间通行,每个轨道交通车站相距4英里(约6.4公里),以保证每个社区有足够的发展空间而又不至于连成一片,同时还能保障轨道交通的快速出行特征;高速公路出入口相距约2英里(约3.2公里),并靠近轨道交通车站。二是社区路网,主要呈环形放射状布局,环路与沿走廊方向的高速公路互通,放射路网与垂直走廊的高速公路互通。该规划针对住宅开发、建设密度分区以及郊区社区公共服务等提出了针对性的政策措施,包括:新的郊区社区住宅开发应提供广泛的住宅类型;在新的郊区社区中,居住密度最高的地区应位于快速轨道交通车站和主要商业区附近;应发展一系列主要的郊区商业区作为新郊区社区中心,提供尽可能广泛的就业、购物和娱乐机会。

该规划提出之后近60年的时间里,华盛顿大都市区进行了大规模的地铁、高速公路和其他公路的建设。目前已经建成红线、橙线、黄线、绿线、蓝线、银线6条地铁线路,高速公路则形成了以首都环线1-495高速公路、1-270高速公路、1-95高速公路、1-66高速公路、1-395高速公路等构成的环形放射骨架。在此基础上形成了1-66高速公路、29/50号公路与地铁橙线(银线)构成的西部走廊,1-270高速公路、355公路和地铁红线构成的西北走廊,1-395高速公路、1号公路与地铁蓝线(黄线)构成的西南走廊,1-95高速公路、1号公路和200号公路构成的东北走廊。

依托放射走廊,华盛顿大都市区政府委员会与地方政府共同推动"区域活力中心和集群"战略,以实现人口、产业与交通走廊的高效结合。2002年提出了58个区域活力中心,之后进行了数次更新,最新的调整在2013年,总数增至141个。区域活力中心和集群鲜明地体现出城市沿多模式走廊布局的特征。最初,活力中心主要是指现有的城市中心、重点开发区域、交通枢纽、郊区城镇中心和传统城镇,2013年重新界定了区域活力中心划分标准:在土地利用总体规划中的优先开发地区、高于平均开发密度的地区、混合用途发展区、现状拥有或规划有高容量公共交通的地区、拥有相互连接的街道网络的地区、住房和交通综合成本不超过地区收入中位数45%的地区。从新的标准可以看出,新的区域活力中心不仅进一步强化了沿走廊集聚,更加体现了公共交通导向。

从机制看,华盛顿大都市区专门设有区域交通规划机构,具有大型交通设施规划决策、资

金分配、建设标准以及政策制定等权利,形成了常态化、以交通一体化为基础的利益协调机制,结合核心城市构建现代交通和物流体系、疏解非核心功能等战略需要,积极推动多模式走廊的构建。

三、大伦敦空间廊道

英国制定实施《大伦敦规划》(2021版),注重城市中心体系与公共交通模式紧密耦合,将过去与城市交通联系不够紧密的空间廊道重新塑造为以轨道交通为本底的增长廊道,强化增长廊道与机遇地区的空间呼应,实现良性增长(Good Growth)政策目标。

该规划明确9大增长走廊,建成47个机遇发展区(Opportunity Areas)。这些地区一般拥有较好的公共交通可达性(可以步行或者乘坐公共交通上班或者娱乐),也有可用于拆迁改造的棕地(Brownfield Site)。推动增长走廊区域从现有的交通向主动出行和公共交通模式转型,在机遇发展区规划全新改进的步行、自行车和公共交通网络。

根据该规划,伦敦将增强公共交通可达性和服务能力,优先保障健康街道、公共交通重点项目。到2041年,伦敦居民80%的行程将通过步行、骑自行车和搭乘公共交通工具的方式(即绿色出行比例达到80%)实现,到2050年伦敦成为"零碳"城市;形成更安全、清洁和高效的货运体系,整合道路、铁路、水运及接驳等多种方式,发展绿色导向的物流配送,最后一英里计划为货运车辆提供快速充电点,所有规模的集配站点的设计应具备满足24小时运营的条件,在不影响铁路、水运客运服务质量的前提下,尽可能实现货物从公路货运优先向水运、铁路的转移。

四、长三角城市群通道

1. 上海都市圈

根据《2021长三角城市跨城通勤年度报告(公众版)》,以识别出的联通手机用户计算,上海与周边城市的跨城通勤联系更加紧密,与周边城市已经形成了较大规模的跨城通勤双向联系,且中心城区的规模增长尤为明显。上海作为长三角城市群的核心城市,其中心城区为周边城市提供了难以替代的就业岗位,且就业吸引力不断加强。主要特点如下:

(1)跨市通勤沿交通干线增长集聚的趋势显著。苏州与上海市域的跨城通勤在市域边界和中心城区均呈现高值区,其中35.9%是与上海中心城区的通勤联系。苏州各区县中,昆山市与上海市域通勤联系最为紧密。2020年南沿江城际铁路的太仓南站开通,太仓城区至上海中心城区的跨城通勤规模迅速增长,与2019年相比增长了39.37%。苏州流入上海中心城区的跨城通勤者的工作地主要分布于浦西,居住地主要集中在花桥、昆山城区和苏州城区的高铁站点周边。

(2)共建畅达流动的高效区域。上海都市圈("1+8"城市)主要聚焦"都市圈城际一张网",规划打造七千余公里的轨道网络,并利用普速铁路开通城际班列,推动新建城际站点进入城市中心区。加强自贸区临港新片区等重点地区与浦东枢纽、虹桥枢纽的快速通道联系以及与长三角的铁路通道联系,构建重点地区内部快速公共交通骨干网络等。

2. 杭绍甬（杭州、绍兴、宁波）通道

根据百度地图慧眼的人口流动数据，杭州湾新区—慈溪—余姚—上虞—越城区—柯桥区—萧山区—江汉区—海宁市是最稳定和最具活力的廊道，海宁市、萧山区、余杭区、上虞区和余姚市是重要的节点，在人口的跨区域流动中是重要的中介。串联此廊道的综合运输通道即为杭绍甬通道，连接杭州、绍兴、宁波，形成高强度联系走廊，城际间高速公路客货车联系量分别占全省城际车流的36.6%（客）、26.2%（货）。近年来，杭州周边嘉湖绍（嘉兴、湖州、绍兴）地区承接杭州部分产业外溢趋势明显，其中绍兴、宁波沿线地区与杭州经济产业一体化进程加快，货物、人员往来更加密集。杭绍甬通道是杭州、绍兴、宁波三市在区域经济一体化进程中功能协同落实在空间布局上的重要体现。

从未来发展看，根据浙江省交通规划，将进一步强化"杭绍甬"高强度、多层级的轨道交通走廊，布局六层不同服务水平的轨道系统，包括超高速磁浮、高速铁路、城际铁路、都市圈快轨、城市轨道、货运铁路等。引导交通枢纽和区域功能耦合布局，支撑环杭州湾地区科创走廊、滨海新城等一系列战略空间的发展。从杭州西部的未来科技城至宁波永江的科创大走廊，布局贯通性的轨道通道，为一体化组织预留可能。

在建的杭绍甬智慧高速公路具备智能、快速、绿色、安全四大要素，构建大数据驱动的智慧云控平台。根据相关研究，通过智能系统车辆管控可有效提升高速公路运行速度，预计车辆平均运行速度有望提升20%~30%。

3. 南京都市圈

根据《南京都市圈发展规划》，南京都市圈包含南京全域、镇江三区一市、扬州三区一市、淮安盱眙、芜湖三区、马鞍山三区两县、滁州两区一县一市及宣城一区，规划范围拓展至八市全域及常州溧阳、金坛。2019年末，南京都市圈常住人口2700万，人均生产总值接近11.3万元，城镇化率65%，总体处于城镇化中后期阶段。

根据华设设计集团研究成果，利用2019年11月联通手机信令数据分析南京都市圈出行OD。可发现南京都市圈区间出行总体呈现"中心—腹地"特点，市域出行比例与城际出行比例接近2∶1，南京都市圈区间出行仍以南京、镇江、扬州所在主城与下辖区县间联系为主。南京跨城通勤影响范围主要以仪征、句容等周边区县为主，跨城通勤呈"郊区化"特点。

五、粤港澳（广东、香港、澳门）大湾区通道

根据邵源等研究，粤港澳大湾区内生产、生活性货运交通与旅游、商务、通勤性客运交通等多元出行需求叠加，区域出行特征已经由低频次、长距离、低时间价值向高频次、中短距离、高时间价值转变。以铁路客运为例，粤港澳大湾区铁路平均运距由2010年接近400公里降至2020年不足300公里。粤港澳大湾区交通设施供给仍延续以公路为主导的模式，全社会客运、货运结构中公路占比仍然分别超过70%和60%，难以满足"快进快出"发展诉求，尤其轨道交通设施短板明显，人均轨道交通里程约为纽约湾区的1/8、旧金山湾区的1/5。

以深圳为例，深圳城市空间不断拓展、沿轴带演化，大量在罗湖、福田、南山三大核心区上班的人口居住在外围城区甚至惠州、东莞的临深片区。高端生产性服务业在中心聚集，普通生

产性服务、生活服务业在区域各级次中心就近满足。深莞惠(深圳、东莞、惠州)地区2020年三地日均跨市出行量为160万人次,其中通勤出行量超过20万人次,华为、比亚迪等创新企业由初期在深圳市域内职住平衡转向在都市圈内多个城市间实现职住平衡。以华为松山湖终端总部为例,该总部1.9万通勤人口中,约50%为深莞跨界通勤者。另一方面,既有跨市联系中80%的出行发生在边界街镇间,距离不足5公里,与东京、伦敦都市圈存在较大差异。

以广州为例,广佛肇(广州、佛山、肇庆)都市圈企业沿交通线路和跨界地区一体化布局,基本形成产业链上下游衔接的发展格局。人口主要集聚于广州、佛山、肇庆主城区,并呈现连接成片的趋势。根据百度大数据分析结果,广佛肇都市圈2018年7月居住人口共3367.64万人,其中跨市通勤人口规模共计74.41万人,广佛呈现强跨市通勤趋势,形成都市圈核心强对流圈,主要以居住在佛山、就业在广州这种通勤形式为主。

六、京津冀(北京、天津、河北)通道

根据2019年百度慧眼天津规划院联合创新实验室的研究成果,在北京与天津之间存在跨域通勤的总人数为3.7万人,通勤频次为3.57次/周;专业技术人员占全部通勤人群的近一半,达到46%,其次为个体经营业者和文职人员,各占20%;通勤人群收入普遍较高,月入20000元以上者占1/3。出行集中在北京中心城区—通州区—武清区—天津中心城区—滨海新区的走廊上,以及天津北部宝坻、蓟州区、宁河与北京的联系方向。从通勤距离看,京津双城间直接距离110~115公里的人群最为集中。

林雄斌等以京津城际铁路为例,研究京津跨城通勤影响因素,建立都市区跨城通勤影响因素的分析框架。通过问卷分析和回归模型发现,京津跨城高速铁路通勤(含每日通勤、每周通勤、每月固定次数通勤等)的比例达7.12%;个体社会经济属性、城市—城际交通接驳、城市—城际交通成本、交通换乘便捷性、出行偏好和异地工作意愿等因素均会影响居民跨区域通勤选择;控制相关变量后,出行时间、出行成本和异地工作意愿等对跨区域通勤的作用更加显著。该研究还提出了适应跨区域通勤的规划引导策略,如完善"门—门"出行便捷度、加强高速铁路与其他交通模式的高效组合、加强高速铁路站点区域公交导向开发、建立城市间更有效的利益协调机制等。

在通道复合布局方面,北京大兴机场与雄安新区之间注重不同方式交通设施共用通道布局,形成北京大兴机场高速公路、轨道机场线、团河路"三线共构",与地下综合管廊"四线共位",与京雄城际高铁"五线共廊"的空间布局,共构体长达7.9公里,高度近30米,节约建设用地600余亩。

七、成渝(成都、重庆)通道

数据分析显示,2019年成渝之间联系强度高达1460万人次/年,高于距离相当的济南—青岛1350万人次/年,达到上海和南京间联系强度的一半。根据相关规划,成渝之间将构建1小时通达交通走廊,推进成渝中线高速铁路建设,提速既有成渝高速铁路,加快推进双核间国家高速公路网络扩能改造,包括渝遂高速公路北碚至铜梁至潼南段扩能、渝武高速公路渝北至合川段扩能、成渝高速公路含谷至荣昌段扩能;加密双核间地方高速公路网络,包括铜梁至安

岳高速公路、大足至内江高速公路,以缓解成渝双城间重要射线通道交通压力,形成双核间"高铁双通道"和"高速4通道"的复合型快速交通走廊。

八、城市群科创走廊

"科创走廊"是指相关城市通过集聚创新要素、改革创新制度而形成的创新要素高度集聚、高端人才资源汇集、新兴产业创业密集、能够对创新发展发挥支撑作用的重点发展区块,一般沿城市主干道呈"廊状"布局。

1. 科创走廊通常是从科学园区起步,沿运输通道布局

全球科创产业集聚的地区包括美国加州硅谷、美国波士顿128公路、英国东伦敦科技城、日本东京—横滨—筑波创新带等,这些地区的高新技术产业大都是从郊区的科学园区起步。以我国G60科创走廊为例,上海松江区提出并实施G60科创走廊构想。沿40公里的G60科创走廊,松江区聚拢起了"一廊九区",打造质量标准、双创活跃、产城融合、先进制造、人才集聚、科创环境的六大高地,后来G60科创走廊向长三角纵深延伸,形成"一廊一核多城"覆盖长三角多个城市的科创大走廊。

以美国波士顿128公路为例,这条公路并不是规划出来的产业走廊,而是为了应对马萨诸塞州传统制造业衰退上马的基建工程,也是为了解决波士顿大城市病问题,推出的郊区化疏解举措。128公路与城市连接的便利性以及大片开阔、廉价的土地,吸引了雷神公司、宝丽来等新兴科技制造公司落户在128公路沿线。逐渐科技化的128公路也带动了沿线传统制造业的转型升级,到20世纪70年代末,沿线企业超过1200家,雇员约8.5万人。进入21世纪,128公路在生命科学领域,形成了以麻省理工学院(MIT)为核心→老城区→128公路→495州际公路的"洋葱圈"式创新结构,同时128公路也成为波士顿地区最拥堵的道路(2007年平均拥堵率达125%),交通事故(2007年5.5万起)占大波士顿地区交通事故的1/3以上。128公路沿线的企业员工只有9%居住在科技走廊带内,长距离通勤是常态,企业员工选择在伍斯特、洛厄尔、昆西、塞勒姆等功能丰富、成本较低的城市居住,128公路只是工作地和通勤走廊。为改变此状况,波士顿大都会区规划委员会、马萨诸塞州海湾交通管理局等政府机构,联手开发企业,将128公路沿线的睡城改造为宜居宜业的城市带,保持对企业、人才的持续吸引力,推动小镇双核驱动发展,即以产业园区为核心的综合研发区,以TOD(Transit-Oriented Development,以公共交通为导向的发展)为中心的老城文化生活区。老城区拥有完善的铁路、公交网络,期望实现魅力生活的塑造、通勤效率的提高以及功能的互补,在TOD区域内通过修建自行车道、搭建步行网络,让通勤人员可以高效率地往返于园区与老城之间,形成步行10分钟生活圈。老城区与产业园区共同构建起宜居、宜业、宜游的反磁力中心,形成以128公路为轴的城市连绵带。

2. 知识密集型企业倾向于集聚在中心城区,且通勤距离较长

近年来以互联网技术、创意设计、多媒体等为代表的不需要大规模生产的知识密集型企业,更倾向于在中心城区聚集。中心城区交通更便利,可便捷到达各类设施,具有高密度路网街区、慢行友好街道,典型代表如纽约硅巷、洛杉矶硅滩、深圳前海等。具有多元融合的"都市性"特征的创新城区,更能融合不同行业和专业,为各类知识创新活动提供多样丰富的产品、技术和市场解决方案,成为创新活动的集聚区,高密度路网街区、慢行友好街道使地区内部要素的沟通交流变得容易且舒适,可提升设施的使用率、增加创意人群的获得感、巩固激发创新的网络化联系。从通勤交通特征看,知识密集型企业主要属于第三产业,根据北京交通发展研究院利用大数据对北京、上海、深圳、东莞等地通勤距离研究,第三产业占比越高、通勤距离越长,第二产业占比越高、通勤距离越短。

3. 小汽车出行需求更为旺盛,夜间通勤需求强烈

根据深圳2019年居民出行调查结果,作为科创产业的重要组成,战略新兴产业群体的小汽车出行需求更为旺盛,日出行次数约为2.2次/日,其中小汽车出行约为0.8次/日,是其他群体的2倍以上。

高新区潮汐式通勤需求特征显著,夜间通勤需求强烈,需要加强与中心城区的快速公共交通对接。高新区一般是以工业、物流仓储用地为主导或者以商业、商务、娱乐康体为主导,住宅和居住服务设施用地占比较低,就业岗位密集,职住分离严重,潮汐式通勤需求特征明显。以上海张江科学城为例,从百度热力数据来看,白天人口密度较大,夜间人口密度显著降低,潮汐式通勤需求较为强烈。从业者夜间加班成为常态,夜间通勤多选择私家车出行或者出租车、网约车等灵活性高、速度快的交通工具。根据《张江科学城建设规划》,近期实施轨道交通21号线和机场联络线,并规划新增27号线和S32铁路东西联络线,控制预留5条轨道交通通道,未来实现张江科学城与对外交通枢纽、重点科研院所、城市中心45分钟轨道交通联系。

九、经验借鉴

1. 城市群综合运输通道与沿线产业城市紧密联动

(1)从交通运输功能看,城市群综合运输通道承担近距离的通勤通学和中远距离的商务出行功能。为此,铁路线路配置应注重功能细分,如日本东京都市圈铁路实现客货分开、长短途分开、快速与普通列车分开;统一铁路制式,实现贯通运营,减少换乘,如东京新建的地铁线路与郊外放射线路保持统一制式,实现郊区旅客与中心城区各主要核心区间的直达运输;轨道走廊兼顾多种客流需求,如中国成都市域轨道快线18号线,通过设置越行站,实行快慢车套跑,并且与地铁19号线共线运行,兼顾了都市圈客流、市域客流、机场客流。

(2)从与沿线产业城市联动功能看,城市群综合运输通道线路布局与土地开发在规划建设中紧密结合。如日本东京都市圈铁路山手环线范围内增加了地块的建筑高度上限和容积率上限,在土地开发政策上推动主要铁路站点周边建设城市副中心。美国华盛顿大都市区放射状通道,为保证每个社区有足够的发展空间而又不至于连成一片,同时还能保障轨道交通的快速特征,要求轨道交通车站相距4英里,高速公路出入口相距约2英里,并靠近轨道交通车站,在新的郊区社区中居住密度最高的地区应位于快速轨道交通车站和主要商业区附近;沿走廊布局100多个区域活力中心。英国大伦敦地区则注重增长廊道与机遇地区的空间呼应,实现良性增长(Good Growth)政策目标,推动增长走廊区域从现有的交通模式向主动出行和公共交通模式转型。

2. 城市群综合运输通道需求影响因素

（1）影响通道需求的主要因素包括人口、产业以及互联网发展等。以日本东京都市圈为例，人口增长导致出行需求增加，但近年来互联网广泛应用，使得业务和私事出行量大幅度减少。国内外科创产业沿城市主干道呈"廊状"布局的特征显著，如美国波士顿128公路、中国广深港科创走廊、中国长三角G60科创走廊。浙江打造"杭绍甬"高强度、多层级的轨道交通走廊，引导交通枢纽和区域功能耦合布局，支撑环杭州湾地区科创走廊、滨海新城等一系列战略空间的发展。深莞惠地区的华为、比亚迪等创新企业由初期在深圳市域内职住平衡转向在都市圈内多个城市间实现职住平衡，成为推动跨市通勤出行的主导因素。知识密集型企业人员倾向于集聚在中心城区，且通勤距离较长，小汽车出行愿望强烈。

（2）出行目的也明显影响出行方式选择。以日本东京都市圈为例，通勤出行铁路占比较高，而业务出行则小汽车占比较高。中国苏州与上海市域的跨城通勤，城际铁路在其中发挥重要作用。广佛形成都市圈核心强对流圈，跨城职住区与公共交通1小时通勤圈高度重合。

3. 城市群综合运输通道发展导向

（1）发展轨道交通和门到门运输服务。如日本实施"东京通勤五方面作战"，沿五条主要放射铁路建设复线。中国京津城际适应跨区域通勤的规划引导策略，完善"门—门"出行便捷度，加强高铁与其他交通模式的高效组合。

（2）注重集约绿色。如日本实施"东北纵贯线计划"，利用该区间新干线的上层建造高架桥，合理利用原本就紧张的空间。英国大伦敦地区优先保障健康街道、公共交通重点项目，提出到2050年伦敦成为"零碳"城市；整合道路、铁路、水运及接驳等多种方式，发展绿色导向的物流配送，最后一英里计划为货运车辆提供快速充电点，并尽可能实现货物从公路货运优先向水路、铁路的转换。中国北京大兴机场与雄安新区之间推动不同方式交通设施、地下综合管廊共通道布局。

（3）实现客货分离。如日本20世纪70年代基本确立了新干线承担中长途旅客运输、品鹤线承担货运、既有东海道本线主要用于都市圈市郊通勤旅客运输的客货分流模式。

（4）带动沿线产业和城市发展。美国波士顿128公路通过魅力生活的塑造、通勤效率的提高以及生产生活功能的互补，形成步行10分钟生活圈，吸引科创产业人员集聚。我国深圳湾科技生态园等高新技术产业园区潮汐式通勤需求特征显著，夜间通勤需求强烈，需要加强与中心城区的快速公共交通对接，或者采取以公共交通为导向的发展模式，打造综合生产生活功能、营造10分钟生活圈、减少长距离通勤出行的高新产业功能区。

第二节 城市群综合运输通道线路配置研究进展

一、国外研究进展

国外城市群综合运输通道线路配置研究开展较早，美国以交通规划指南等形式确定了通道线路配置的具体内容,需求预测主要采用四阶段法,方案制定与沿线土地利用、生态环境等联系紧密,一些通道规划研究形成比较完整的评价技术。

美国系统开展了单条综合运输通道规划研究工作,包括州际、州、大都市区、市域等多个层级。其中,大都市区通道规划可以为交通投资决策和区域交通规划更新提供重要的信息,主要研究通道内公路或公共交通方式多个平行线路的设置,通常是土地利用/城市设计的组成部分,需要进行详细的环境研究。具体规划内容包括:制定改善性规划或规划新的通道,为人和货物的移动提供多种运输方式,线路布局与供水供电等公共基础设施相协调;通过运营策略、需求管理、出入口管理、与周围土地利用的协调以及有效的区域和地方交通网络的发展,使运输通道的用途得以最大化;考虑轨道及公共交通要素,支持紧凑型发展,并鼓励乘坐公共交通;使用最先进的、节能的基础设施、车辆、材料、技术和方法进行运输通道的开发和运营。美国华盛顿大都市区通过系统开展多模式走廊规划建设引导都市区发展,由华盛顿出发,依托高速公路和轨道交通线路形成 6 条放射状的走廊,以此构建大都市区的发展框架,将都市区未来增长主要集中在 6 条走廊沿线。

日本东京都市圈采用交通引领,特别是公共轨道交通引领的方式,将需求产生地点(居住地、就业地等)与相关资源供给地点(公共服务、观光休闲地等)集中到各条轨道和公路干道沿线,使公共服务沿着交通基础设施和重要枢纽节点布局,大幅提升城市公共投资效益;在具体规划建设中,采用了"以枢纽站为中心的集聚式开发"和"与轨道交通同步建设的沿线型开发"两种模式。

美国开展通道规划研究注重生态环境影响,例如华盛顿州运输局的通道规划指南提出,在现状分析阶段,要确定:通道区域的关键环境因素,包括适用的联邦、州和地方环境法律、法规和政策;现有环境研究,包括岩土工程、水文和土壤类型;主要地质条件和一般地形特征;环境及社会经济资源和问题;环境资源图、列出的环境问题以及需要进一步分析的确定区域。评价技术通常从需求相匹配、费用可承担、国土相协调、生态可持续四方面展开,采取定量和定性相结合、客观评价与专家打分相结合的方式,如美国佛罗里达州运输局研究提高 I-75 通道效益,从增强流动性、提供应急响应、鼓励经济发展、经济可承担、实施难易性等方面,设置 3 个得分层级,汇总后作为不同方案的得分。

二、国内研究进展

我国在城市群综合运输通道线路配置方面的研究理论成果较多且主要集中在客运功能分析,但受数据限制,在规划实践中的可验证性不强,实际开展通道线路配置研究的规划案例较少。需求预测以四阶段法为主,线路配置模型以供需匹配和效益最大化思路为主并以城市为节点,与通道沿线产业、城市发展、生态环保要求等结合不紧密。

毛敏应用四阶段法进行城市群客运走廊客流预测时,采用方式划分与交通分配组合模型;李德刚综合分析了运输通道系统的要素构成、吸引范围、边界划分等,剖析运输需求的产生机理,并提出通道系统配置的思路与方法;赵莉等定义了综合客运通道的结构,将经济性、安全性、舒适性等服务属性作为衡量出行阻抗的主要指标,提出通过配置新的运输方式优化客运结构的方法,并构建了系统容纳的需求最大为上层目标、用户平衡为下层目标的双层规划模型;

李艳红建立双层规划模型研究综合运输通道客运结构的优化问题,以综合运输通道对经济的拉动作用最大、系统效率最佳、输送能力最大、成本最少等作为优化目标,将基于旅客出行选择的运输方式配置作为下层规划,并通过建立响应函数来分析上下层之间的影响关系;邵俊杰构建了考虑准时性、快速性、经济性、方便性、货物安全性、货物价值损失等多个影响因素的货运方式分担率分析的效用函数,从区域可持续发展角度建立了基于系统成本的广义费用计算模型;彭辉等从城际交通一体化和全程出行链的构成出发引入广义费用函数,运用极大似然法对传统的多维 Logit 模型进行改进;周天星等建立了城市群多方式运输通道时间可靠性的评价计算方法。在政府开展的具体规划实践中,针对都市区综合交通走廊在统筹集约规划建设方面存在的问题,金华义乌都市区重大基础设施廊道布局规划重点探讨综合交通走廊内涉及铁路、高速公路、干线公路的控制要点,从集约城市空间、节约土地利用、提高交通系统整体效率、改善地区环境质量、优化城市景观品质的角度出发,对走廊内的各种设施进行筛选和整合。

大数据分析手段开始在城市群交通出行研究中得到应用,但少见用于综合运输通道规划研究工作。近年来基于互联网的手机信令、地图位置服务等大数据分析手段逐步在京津冀、长三角、粤港澳大湾区等城市群交通研究工作中得到应用,例如 2016 年百度地图开放平台发布《中国城市群出行分析报告》,依据定位大数据、人口大数据等综合数据,分析京津冀、长三角、珠三角三个城市群的居民出行情况;章玉以成渝城市群中的重庆至合川通道为例,利用手机信令数据分析了通道出行特征和时空规律,结果表明重庆至合川通道日均出行总量为 3.9 万人次,通勤出行占比为 7.2%,私家车出行占比为 84%;2020 年中国联通智慧足迹数据科技有限公司研发制作并联合新华金融信息交易所发布《智慧足迹:基于手机信令大数据洞察三大都市圈——五维模型之联系强度、外来浓度、发展厚度》,分析人口城际出行情况;谢琛等基于手机信令数据,分析深圳同东莞、惠州之间的跨城通勤出行特征。这些大数据分析手段,为刻画城市群交通特征提供了传统统计数据之外的有效补充,但受样本范围、算法等影响,其结果的准确性还需要结合公路收费数据、公路交通量、铁路客运 OD 等统计数据做进一步校核。此外,大数据分析方法在货运分析方面尤其薄弱,仍处在起步探索阶段,尚未见到城市群货运通道的系统分析成果。

近两年城市群综合运输通道线路立体布局、集约配置问题日益得到重视,《国家综合立体交通网规划纲要》以及交通运输部印发的国家综合立体交通网主骨架建设相关文件中都有明确要求。2020 年自然资源部办公厅印发《省级国土空间规划编制指南》(试行),提出以区域综合交通和基础设施网络为骨架,促进形成省域国土空间网络化;线性基础设施尽量并线,明确重大基础设施廊道布局要求,减少对国土空间的分割和过度占用。

从系统工程的角度,城市群综合通道线路配置的结果是形成一个最合理的方案,而交通规划研究工作的核心是设计多种可行方案,通过进一步比选来确定最终的方案。总体看,既有研究在通道功能分析、需求预测、评价技术方面还比较薄弱,而这些都是开展方案设计比选、优化线路配置的前提和基础,亟须深入研究。

第三节 基于交通产业城市融合的城市群综合运输通道规划框架

一、交通在城市发展和国土空间开发中的先行支撑作用

关于交通在城市发展和国土空间开发中的先行支撑作用,区域经济、地理学、运输经济学、城市规划、交通规划等领域开展了大量的理论和实证研究,已经形成了较为一致的结论。

实证研究方面,主要集中于交通基础设施的节点或线路在促进产业集聚、强化大城市经济吸引力方面的作用,如港口对临港产业和城市开发的带动作用,公路沿线、铁路沿线经济走廊的形成发展,基于 TOD 理念的城市轨道等公共交通带动沿线城市开发等,主要是从交通基础设施连通这一基础条件的改善有利于降低运输成本、提高运输效率的角度,采用实证研究方法,来分析其对产业集聚和经济增长的作用机理。

理论研究方面,以韦伯和高兹为代表的古典工业区位论论述了企业、区位和城市规模经济与运输价格间的相互关系;以克鲁格曼为代表的新经济地理理论则认为,产业联系和交通成本相互作用促进产业地理集聚,交通成本与产业集聚存在非线性关系,在交通成本很高或很低时,产业比较分散,而在交通成本中等时,产业比较集聚;卡斯特尔斯在其著作《信息城市》《网络社会的崛起》中提出,交通和通信技术的发展使得部分产业或服务不再与其所在地的社会经济发展保持密切的联系,或不再以为其所在地的"供养"人口服务为主业,其服务辐射范围也远远超过了当地居民的出行能力和"供养"能力;2015 年胡鞍钢论述了基础设施的改善可以有效降低地理距离对于不同类型地区间的交易成本;2019 年杨开忠分析了由于运输成本下降导致的可贸易品空间属性降低,个体个人和家庭的区位选择取决于地方品质,其中交通基础设施影响下的速度是决定地方品质的重要维度。

陈璟在著作《城市群交通运输一体化发展理论与实践》中,也专门就交通运输一体化作用于城市群形成发展的机理,从人口、产业、土地三大基本要素和运价、时效性和品质三大影响因子进行了阐述。

二、交通产业城市融合的发展理念

1. 融合的概念

所谓融合,是指几种不同的事物合成一体,推动事物向更高一级发展,通过事物之间的彼此协作来实现自身功能的最大化,或者产生新的事物。在我国,融合一词早期主要用于生物和民族文化领域,20 世纪 90 年代开始出现在经济研究领域,例如产业融合、区域融合、城乡融合。近年来受互联网技术、区域一体化等因素影响,融合一词被广泛提及。

根据经济学理论,韩小明认为,产业融合是指在产业边界既定的情况下,现实经济中出现了某一产业既定的经济活动跨产业存在的现象,以至于难以将这种具有双重产业属性的经济活动组合归入现有的某一产业。厉无畏、王慧敏认为产业融合是通过资源、市场、技术等相互

渗透、交叉、重组，使不同产业实现融合形成新兴产业的动态过程。产业融合发展可分为两种类型，一种是不同产业之间经济活动的部分重合，形成一种新的产业经济活动，例如农业与旅游业的部分重合形成的观光农业；另一种是不同产业之间的经济活动，组合为一个产业内部的不同经济活动，例如制造业的服务化。植草益提出，从产业融合的发生机制看，技术进步和政府放松管制是根源，通常是来自产业外部的企业采取嵌入式方式，如互联网企业对于产业发展具有巨大推动力，或者是产业内部的企业扩大经济活动范围，跨产业边界经营。

根据这一概念，交通运输与其他产业融合发展，产生新技术新业态新模式，促进交通运输服务效率和品质提升，是判定融合发展的关键标准。交通运输与其他产业融合并不是新鲜事物，新技术尤其是装备技术应用促进各种运输方式更新换代，就是交通运输与制造业融合发展的典型代表。随着生活水平快速提升，社会文明的不断进步和交通运输自身的发展成熟，特别是以互联网为代表的新一代信息技术、供应链技术和金融服务等的创新，使得交通运输与其他产业融合的广度、深度出现了前所未有的变化。

在以互联网为代表的新技术新模式的催动下，交通运输与其他产业的融合发展呈现出四个方面的显著特征。一是依托互联网技术搭建产业融合网状平台，交通运输供给端、需求端的参与群体规模大幅拓展，企业与产业间、基础设施与运输装备间、供给端和需求端间、线上与线下运输服务产品间实现了互联互通，例如共享单车、共享汽车、网约车、智慧仓库等。二是交通运输领域技术取得突破性进展，或者其他领域的技术同交通运输产业创新性组合在一起、形成新的技术，领域之间原有的边界就将被打破，从而不同产业实现融合发展，催生出新业态新模式。例如交通运输和旅游、物流、互联网等产业融合，创新出了交通旅游平台、交通物流平台和电子地图、公众出行信息平台等新业态。三是通过吸收、引入先进信息技术和智能设施装备在交通基础设施、运输组织中的应用，实现交通基础设施供给能力的增强，人员、车辆运行效率的提升以及服务品质的改善。例如城市道路可变信息交通标志牌（VMS）、不停车电子收费系统（ETC）的使用。四是交通运输企业与其他企业在网络建设、枢纽站点布局、运输运力共享等领域合作，发挥各自优势，取长补短，实现资源优化高效配置。例如道路运输企业拓展汽车客运站旅游集散功能，开展旅游客运专线。

2. 交通产业城市融合的发展理念

张国华提出建立交通、产业和空间的新型三要素协同理论，按照不同类型的集聚产业和交通运输成本的敏感度相关性，划分了资源、资本和信息三大集聚类型；认为加强以多层次轨道网络为主体的城际交通一体化与城市空间结构优化、产业布局调整的协同，应该成为区域协调发展战略的关键所在。近年来交通产业城市融合在城市群都市圈层面被更多提及，主要关注交通线网、枢纽与沿线或周边产业、城市功能分区的协同共生、相辅相成、一体发展，例如枢纽经济、通道经济、路衍经济、临空经济、站城一体等，强调交通不再是被动地适应和服务城市发展，而是从规划设计到投资建设再到运营管理的全过程，交通与产业、城市作为一体来统筹谋划安排。在"双碳"背景下，交通与城市融合还包括与国土空间开发利用和保护的协同联动，体现集约节约利用资源等生态可持续发展要求。

在《国家综合立体交通网规划纲要》中，明确要求推进综合交通统筹融合发展，此处的统筹融合，强调要坚持系统观念、整体性推进、一体化发展，从跨方式、跨领域、跨区域、跨产业四个维度,推进铁路、公路、水运、民航、邮政等各种运输方式融合发展,推进交通基础设施网与运输服务网、信息网、能源网融合发展,推进区域交通运输协调发展,推进交通与信息、物流、旅游、商贸、制造等相关产业协同发展。在国家《"十四五"现代综合交通运输体系发展规划》中,有22处用到融合一词,例如提出到2025年综合交通运输基本实现一体化融合发展、人工智能等技术与交通运输深度融合、促进综合客运枢纽站城融合等。

总体来看,交通产业城市融合发展理念通常体现在以下五方面。一是注重外部效应。交通发展不只是扩大自身能力或优化自身系统运行,还要与沿线或周边的产业、城市发展相匹配,满足沿线运输需求,带动经济社会发展。二是注重交通牵引。摒弃交通被动适应经济社会发展要求的理念,转为交通牵引带动产业和城市发展,在国土空间规划、产业规划阶段,就充分考虑与交通线网和枢纽节点布局的结合,避免职住不平衡导致的大规模长距离通勤出行,尽可能降低出行成本和物流成本。三是注重系统设计。建立产业、城市布局与交通需求生成之间的相关性,建立产业、城市布局与交通设施服务供给之间的相关性,在理解交通产业城市三者互动机理基础上,系统设计和统筹安排整体的布局和发展。四是注重精准高效。细分产业类型及其货运需求,细分城市人口特征及其出行需求,力求交通设施及服务能够精准高效地匹配产业和城市发展需要。五是注重落地实施。交通设施布局与国土空间开发利用保护相协调,实现交通产业城市的综合立体开发、资源集约节约利用,达到交通项目综合效益最优。

三、基于交通产业城市融合的城市群综合运输通道规划分析框架

从第三章不同类型通道功能评价的分析可以发现,由于空间尺度小,交通与产业城市的联系更为紧密,交通产业城市融合是城市群综合运输通道区别于国家、省级综合运输通道的重要特性,在规划各环节都有体现。系统搭建城市群综合运输通道与产业城市深度融合的分析框架,创新通道功能分析技术、通道需求预测建模、通道评价技术和通道线路配置技术,研究解决好城际协同、各方式协同、交通与产业城市协同问题,是城市群综合运输通道规划的基本思路。分析框架见图5-2。

1. 划定通道范围

研究交通运输需求和通道功能,有必要先划定研究区域。通常以通道途经串联的城市作为主要研究区域,以通道所在的城市群都市圈和经济交通联系紧密的其他省市作为次要研究区域。在研究区域的综合交通网络和经济社会格局中,分析通道承担的城际需求和过境需求等功能特征,以及供需匹配情况。

研究通道内线路配置、制定规划方案,需要划定通道空间范围。可基于通道方向主要交通线路组成、功能特征、影响范围来划定通道空间范围。对通道空间范围内的交通线路组成、技术等级、走向等开展研究,提出线路配置优化方案和发展对策。

2. 搭建多源大数据平台

建立地理信息系统(GIS)数据库,整备综合交通网络的现状和规划数据(高速公路、普通国道、普通省道、城市快速路、铁路、港口、机场)、交通运行数据(公路交通量调查数据、公路收费数据、铁路客货流密度及OD数据、港口吞吐量、机场吞吐量)、经济社会的现状和规划数据

（市级、区县级、镇街级的人口、生产总值、三次产业增加值、土地利用情况），探索运用手机信令数据、地图位置服务（LBS）信息，形成多源多层次的数据库，为通道功能分析预测搭建数据平台。

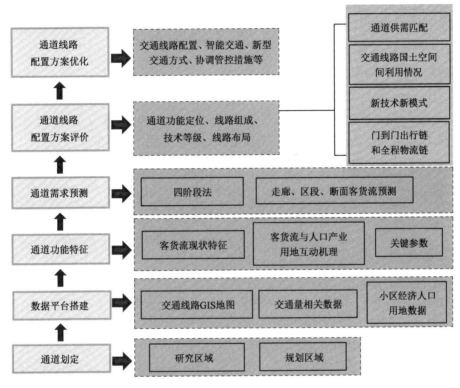

图 5-2　城市群综合运输通道规划分析框架

3. 多维度刻画通道功能特征

维度一：划分交通小区，按照对外、城际、镇街间三个层次，分析通道客货运输功能，包括规模、强度、方式结构、客货运结构、通勤客流分布特征、等时圈等，形成客货运 OD 分布。

维度二：形成通道研究区域的交通拓扑网络，基于客货运功能，将区域内线路聚类为若干条交通走廊，选取走廊上的若干断面，进行断面 OD 溯源，分析走廊内多个区段的功能特征。

维度三：分析通道沿线城市用地、人口及产业与交通运输发展（OD 分布）间的作用机理和互动关系，刻画通道客货运变化规律及其机理。

4. 多方法预测通道客货流

一是划分交通小区，运用四阶段法，预测通道研究区域客货流。建立交通-国土空间交互模型，预测基于用地的小区出行发生吸引。二是按照通道纵向交通的带状属性，将历年通道交通运输数据结构化，对通道内走廊的全线、区间以及典型断面交通结构进行分析，完成通道特征提取；对应通道内每条走廊，基于走廊沿线城镇、产业的新形势、新变化，考虑科技创新等因素的综合影响和所在大区域的交通网络演变趋势，研究交通运输需求的发展格局、关键指标演进规律，预测每条走廊的客货运输需求规模、结构、空间分布。三是分析港口、机场现状集疏运线路客货运情况和近年来变化态势,根据港口、机场规划确定的规划年客货吞吐量,结合周边交通线网既有规划,预测规划年集疏运分方式需求和主要集疏运线路运量。

5. 通道线路配置方案评价

以通道内既有和规划线路为对象,基于需求分析预测,从供需相匹配、国土相协调、生态可持续等方面,体现舒适便捷的门到门一体化出行链和经济高效的全程物流链服务要求,采用多种方法评价线路配置方案。

6. 通道线路配置方案优化

基于通道线路配置方案评价比较结果,按照高质量发展要求,以建设交通运输高品质工程为目标,研究自动驾驶、高速磁悬浮、共享交通、跨市交通组织协同、沿线交通产业土地综合开发等新技术、新模式、新机制对通道效能的提升作用,提出优化方案和发展对策。

第四节　城市群综合运输通道的边界识别方法

一、城市群综合运输通道边界识别的意义

国际综合运输通道主要承担远距离的跨国运输,功能明确,讨论通道宽度、影响区域等边界的意义不大。国家综合运输通道通常为数百至上千公里,从通道宽度看,由于铁路、公路等线性工程选线受山体、江河等地形地貌的影响较大,承担相同起讫点之间的两条平行线路的垂直距离在不同路段相差很大,因此在通道规划研究工作中确定国家综合运输通道的宽度缺乏实践意义,研究通道的影响区域或许更有价值。优化公路出入口或者铁路枢纽场站布局,会导致以其为核心的半小时交通圈分布发生改变。例如,增加高铁站点时,通道影响区域会明显增加,这也意味着综合运输通道对沿线产业和城市的支撑带动作用进一步增强。

相比而言,研究城市群综合运输通道边界识别问题则具有较强的理论价值和实践意义。一方面,城市群通道内不同区段客货流大小差异较大,与沿线产业、人口和城区开发紧密相关。要研究通道内各区段客货流生成机理及发展趋势、方式选择、线路配置,不能把沿线城市作为一个简单的节点,而是需要由点扩展到面,考虑城市内部各分区甚至镇街的人口产业结构和客货运特征。在划定综合运输通道边界时,以服务的主要出行起讫点相同作为原则提取通道内线路集合,由这些线路共同组成一个通道"区域",进而得到其宽度、长度。另一方面,城市群通道线路构成复杂,既包含国家、省级通道中跨省、跨市线路如干线铁路、高速公路、普通国省道、内河航道等,也包含连通市域内主要城区/组团的重要县道、城市快速路、城市轨道、市域(郊)铁路。开展通道系统配置研究之前科学划定通道边界,能够进一步精准分析通道的功能,缩小和聚焦研究的空间范围和要素,明确规划对象、提高工作效率。

二、通道边界识别的理论探索与应用实践

目前国内外对于综合运输通道的边界问题关注较少,大多作为综合运输通道理论研究和

工程实践的配套内容。李德刚指出通道系统的边界是通道所承担的客货流产生和消失的地区;张铱莹指出综合运输通道边界是按照其物质流、信息流以及客流的辐射与吸引范围来确定的,基于场论以运输通道场发挥作用的界限为标准,提出了通道范围划定标准;闫卫阳、付凯、毛蒋兴等人基于断裂点理论、人口迁徙对城市经济活动的影响范围进行研究,为城市对外通道边界的划定提供了可参考研究路径;李伟、孙鹏等人通过对国家铁路网、公路网客货流密度的测算,验证了国家层面综合交通网络满足帕累托法则,并在此基础上提出了通过提取网络关键少数划分综合运输通道边界的技术路线;吴颖尝试建立综合运输通道定量识别的理论模型,主要利用基础设施网络、城市生产总值和人口等数据,计算运输成本最低路径,确定通道的长度和宽度;贺晓琴等在规划和工程实践层面提出了综合运输通道配置的线路宽度标准和用地节约模式,基于既有设计规范,提出了不同模式下公铁共用通道的宽度指标。总体来看,目前关于通道边界问题的研究主要集中在理论模型构建或者工程标准层面,而部分量化研究的模型构建偏复杂,受可获取数据条件的影响,标定和计算困难,在实际规划应用中并不常见。

结合既有文献分析,现阶段我国综合运输通道边界识别的相关技术路线大致可以概括为两类。一是在综合运输通道布局等规划过程中,与通道要素集合库的构建同步圈定范围与边界。具体来说,基于帕累托法则,通过对综合交通网络中关键要素的提取和遴选,形成网络中带状设施走廊,明确通道边界。二是在通道内设施线路方案明确之后,基于相关要素与通道要素的空间关系明确通道边界,即以综合运输通道内重要的场站枢纽、公路出入口等系统对外接口为中心,通过交通可达性的差异确定不同尺度综合运输通道的影响区域,划定通道的主要影响区并判定其通道边界。这两种方法有不同的应用场景和限制,以下分别加以分析。

1. 基于规模和功能的聚类分析方法

主要通过空间聚类等手段选择区域交通运输网络中发挥主要作用的关键少数线路和具备功能延续、替代作用的线路集,形成通道的物理实体和范围。此类技术适用于布局规划中的通道边界识别,多见于综合交通网络的中长期布局规划和综合交通运输体系的五年发展规划。如在国家"十纵十横"综合运输大通道布局研究过程中,结合国家通道多方式、大运量、长距离、承载国家战略等功能要求,基于综合交通网络客货运输分布满足帕累托法则的现状规律,以客货运输规模作为通道遴选和认定的规模边界,将日均20万吨公里/公里的货运密度和日均7万人公里/公里的客运密度作为现状通道线路遴选的阈值,以日均7万吨公里/公里的货运密度和日均4万人公里/公里的客运密度作为通道内铁路项目遴选的依据(以30%的里程完成约70%的客货运周转量),通过遴选的项目库集合确定通道的边界。

此类研究方法能够反映各种运输方式的客货运输规模和分布特征,体现综合运输通道大运量、多方式、高强度的基本规律,对于综合运输通道空间格局的提取和通道项目库的遴选具有较好的应用效果。由于研究对象为通道内的线路等要素,形成的线路集合不是连续的通道空间,因此对于通道内部要素统筹、通道与人口产业等外部要素统筹的支撑作用不强。

2. 节点影响区分析方法

基于综合运输通道与综合交通网络的衔接关系,借助可达性等指标划定通道对外的主要影响区,通过通道服务的便利性水平标定与通道耦合关系紧密的经济社会空间。此类技术方法适用于识别通道影响区范围,多见于通道线网空间相对明确的规划,主要用于判定通道的直接影响区域,研究通道与经济社会空间的耦合关系,为综合运输通道客货运输需求的发展趋势研究提供支撑。

此类研究方法能够反映通道空间结构以及周边网络的空间特性,能够建立沿线经济社会节点与通道之间的潜在互动关系,在空间形态上具备连续性特点,所形成的带状空间与通道耦合关系较强。但由于主要采用可达性等指标,对于节点的出行特征覆盖不足,因此对于通道内方式路径比选和结构优化等工作的支撑作用不足。

三、基于大数据的城市群综合运输通道边界识别方法

伴随手机信令、地图位置服务数据挖掘在交通规划领域中的应用,通过融合行业统计数据和大数据资源,可以对综合运输通道内的出行需求进行结构化、定量化的分析,为通道边界识别提供了有利条件。可通过尝试构建基于大数据的城市群综合运输通道边界识别方法,即通过识别和提取综合运输通道的核心功能,找出实现通道功能的主要线路和物理空间,基于功能的相似性原则选定空间上具备替代性的线路,借助通道功能的空间聚类识别通道的长度和宽度,进而形成通道边界。

1. 通道内出行需求的类型

城市群综合运输通道承载了多样化的客货运输活动,从出行起讫点的分布来看,有区域内出行、对外出行、通过出行等;从出行目的看,有通勤出行和非通勤出行等;此外,出行规模、时间分布和客货运类型在对通道功能的要求上也存在差异。

按照起讫点的分布,结合图5-3,城市群综合运输通道服务的出行需求分为下列六类:
(1) OD点皆位于通道节点上($A - B$);
(2) OD点对的一个点在通道上,另一个点在所服务的区域内($B' - B''$);
(3) OD点对的两个点都在通道外、区域内,且出行径路部分与通道重合($A' - B'$);
(4) OD点对的一个点在通道上,另一个点在所服务的区域外($A - D$);
(5) OD点对的一个点在通道外但位于区域内,另一个点在所服务的区域外($A' - D$);
(6) OD点对的两个点都在区域外,出行径路部分与通道重合($C - D$)。
其中(1)~(3)为通道服务的区域内部运输需求,(4)~(6)为通道服务的区域对外运输需求。

图5-3 城市群综合运输通道OD点分布示意图

2. 基于通道断面OD溯源的通道宽度划定

服务特定的对象是通道区别于网络等综合运输大系统的突出特点,其中客货运输起讫点的功能类型最为直观和有效,可以通过对城市群综合运输通道内各方式线路承载的OD点对的空间分布进行分析,判定城市群内各线路与通道功能的契合程度,通过功能一致性指标$F_C(x)$判定线路与通道的关系,将承载通道功能线路集合的空间宽度作为通道宽度的参考范围。$F_C(x)$的计算见式(5-1)。

$$F_C(x) = \frac{\sum_{i=1}^{n}\sum_{j=1}^{n}Q_{ij}(x)}{Q(x)} \quad (i \in N, j \in N) \tag{5-1}$$

式中:$Q_{ij}(x)$——通道内 x 区段上承载的城市群第 i 小区到 j 小区客/货运量;

$Q(x)$——通道内 x 区段上承载的客/货运总量;

N——对象城市群 n 个小区的集合。

研究城市群内城际通道宽度,则需进一步将承载客货运量的小区范围缩小,通过 A、B 城市间的功能一致性指标 $F_{C-AB}(x)$ 判定线路与通道的关系,见式(5-2)。

$$F_{C-AB}(x) = \frac{\sum_{i=1}^{n_a}\sum_{j=1}^{n_b}Q_{ij}(x)}{Q(x)} \quad (i \in N_A, j \in N_B) \tag{5-2}$$

式中:$Q_{ij}(x)$——通道内 x 区段上承载的城市群城市 A 第 i 小区到城市 B 第 j 小区客/货运量;

$Q(x)$——通道内 x 区段上承载的客/货运总量;

N_A、N_B——城市 A、B 内 n_a、n_b 个小区的集合。

实际规划中,往往也将所服务的需求规模占比 $F_{Z-AB}(x)$ 作为复合参考因素,见式(5-3)。

$$F_{Z-AB}(x) = \frac{\sum_{i=1}^{n_a}\sum_{j=1}^{n_b}Q_{ij}(x)}{\sum_{i=1}^{n_a}\sum_{j=1}^{n_b}Q_{ij}} \quad (i \in N_A, j \in N_B) \tag{5-3}$$

式中:$Q_{ij}(x)$——通道内 x 区段上承载的城市群第 i 小区到 j 小区客/货运量;

Q_{ij}——第 i 小区到 j 小区的客/货运量;

N_A、N_B——城市 A、B 内 n_a、n_b 个小区的集合。

3. 基于大数据条件下功能提取的通道长度划定

通道长度的研究主要出现在城市群或者城市对外通道的研究中,多用于解决城市群的交通边界和城市轨道交通(市域郊铁路)尺度问题。由于大部分城市群单核的结构特征,客货运输规模变化可以作为通道长度的判断依据;从日本等发达国家经验看,通勤率是确定城市群空间范围的主要依据。结合规划实践,可以通过通道客货运量波动特征和通道客货流功能的识别来划定城市群通道的长度。

1)基于运量波动判定通道长度

对于以特大城市为中心的城市群来说,基于经济和人口的绝对优势,交通影响往往呈现单核形态,交通联系在城市群中递远递减,与城市群内组团和城市影响叠加后,表现为通道交通量的波浪形特征。如广州市南沙港快速路 S73,从广州海珠区至番禺区再至南沙区的交通量呈现一定的波浪形特征,如图 5-4 所示(图中其余地区略)。

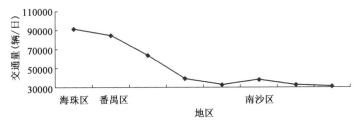

图 5-4 广州市南沙港快速路 S73 年平均日交通量分布情况

若以中心城市为起点,将城市群通道上的城市(组团)编号为0、1、2、3……、n,则有:

$$A_{i-\text{trough}} = Q_{\text{pass}} + \sum_{i}^{n} f(S_{0-\text{people}}, S_{0-\text{GDP}}, S_{i-\text{people}}, S_{i-\text{GDP}}, L_{0i}) + \varepsilon_{i1} + \varepsilon_{i2} \quad (5-4)$$

式中: $A_{i-\text{trough}}$——通道最低断面交通量;
f——都市圈中心城市0至i的断面交通量;
$S_{0-\text{people}}$、$S_{0-\text{GDP}}$——都市圈中心城市(组团)人口和地区生产总值;
$S_{i-\text{people}}$、$S_{i-\text{GDP}}$——城市(组团)i的人口和地区生产总值;
L_{0i}——城市0、i间距离;
ε_{i1}——区域内部城市间(非中心城市)的交通量在通道上的分量;
ε_{i2}——i段通道承担的都市圈与外部地区的交通联系;
Q_{pass}——由广域网结构影响的远程通过交通量。

借鉴李德刚提出的模型结构,可构建通道区间i的分量交通量关系,见式(5-5):

$$\varepsilon_{i1} = \sum_{j=i+1}^{n} f'(S_{i-\text{people}}, S_{i-\text{GDP}}, S_{j-\text{people}}, S_{j-\text{GDP}}, L_{ij}) + \sum_{k=1}^{i-1} f'(S_{i'-\text{people}}, S_{i'-\text{GDP}}, S_{k-\text{people}}, S_{k-\text{GDP}}, L_{i'k})$$

(5-5)

式中,$i' = i+1$;j、k为通道上的节点。

由函数结构可知,城市群中心城市对外交通影响的演变规律递远递减,如图5-5所示。扣除沿线城市的城市交通扰动影响,在对外交通区段出现递远递增现象。则可以认为,都市圈核心城市的交通影响力已经不及外部影响力,进而形成都市圈交通影响边界,也就是通道的长度极限。

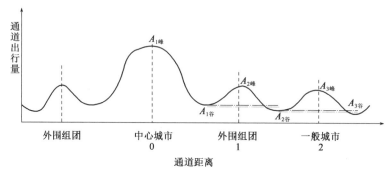

图5-5 城市群通道交通量变化示意图

2)基于通道内客流特征识别都市圈通道边界

城市群综合运输通道主要承担都市圈核心城市的对外交通以及较大规模的通勤交通。基于大数据手段提取通道内出行起讫点和出行目的数据,可以通过$F_M(x)$和$F_{\text{commute}}(x)$指标判断通道的服务本地需求和通勤等城市群交通特征,见式(5-6)、式(5-7):

$$F_M(x) = \frac{\sum_{i=1}^{n} Q^i(x)}{Q(x)} \quad (i \in N_M) \quad (5-6)$$

式中:$Q^i(x)$——通道内x区段上承载的都市圈第i小区的发生吸引量;
$Q(x)$——通道内x区段上承载的客运总量;
N_M——城市群n个交通小区的集合。

$$F_{\text{commute}}(x) = \frac{\sum_{i=1}^{n_a}\sum_{j=1}^{n_a} Q_{ij-\text{commute}}(x)}{Q(x)} \quad (i,j \in N_M) \tag{5-7}$$

式中：$Q_{ij-\text{commute}}(x)$——通道内 x 区段上承载的通勤交通量；

$Q(x)$——通道内 x 区段上承载的客运总量；

N_M——城市群 n_a 个交通小区的集合。

第五节 城市群综合运输通道需求分析预测方法

一、四阶段法

城市交通规划依托于不断更新的居民出行数据库和基于计算机系统且适宜城市特征的交通出行模型库，对出行需求进行分析预测。城市群综合运输通道需求分析也可借鉴此思路，构建区域对外出行数据库和适合区域居民出行特征的模型体系，为规划提供支撑和依据，由此形成客运需求预测技术流程，如图 5-6 所示。

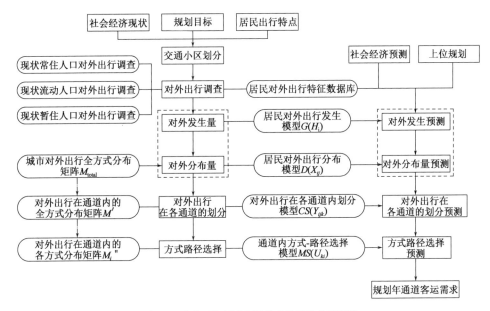

图 5-6　综合运输通道客运需求分析技术流程图

1. 结合城市对外交通联系及区域交通节点特征划定交通小区

为保证规划的有效性和实用性，在土地、就业岗位、居住等社会经济资料的支持下，结合产业、国土空间规划等，划分交通小区作为基本的研究单位，并充分考虑城乡间用地、居民出行特点差异和对外出行自身的特点。

对外出行只占城市居民出行的一小部分，交通小区一般划定范围要大于城市规划中的小区划分。在区域/城市外部交通小区的划分中，需要考虑规划的目的和地区经济、交通数据库的精度。对于特大城市对外客运通道,城市外部交通小区的划分和该交通小区与市区交通联系强度密切相关,即考虑单位面积出行强度 P_i 和对外出行占其总出行的比例 K_i,如式(5-8)、式(5-9)所示。

$$P_i = \frac{Q_{i-t}}{S_i}$$

$$K_i = \frac{Q_{i-e}}{Q_{i-t}} \tag{5-8}$$

$$Q_{i-t} = \sum_{j=1}^{3} Q_{ij-p} \times P_{ij-ave} \tag{5-9}$$

式中:P_i——第 i 大(中)区单位面积出行强度;

S_i——第 i 大(中)区面积;

K_i——第 i 大(中)区对外出行系数;

Q_{i-e}——第 i 大(中)区对外出行量;

Q_{i-t}——第 i 大(中)区总出行量;

Q_{ij-p}——第 i 大(中)区第 j 类人群(本地居住人口 $j=1$、暂住人口 $j=2$、流动人口 $j=3$)的总人数;

P_{ij-ave}——第 i 大(中)区第 j 类人群的人均出行强度[次/(日·人)]。

交通小区面积 $S \propto 1/K_i$。当一个交通节点与市区交通联系密切时可适当增加其交通小区的划分面积,反之可以减少交通小区的划分直至抽象为一个节点/小区。

2. 调查城市居民对外出行的频率,形成对外出行总量

鉴于交通小区与城市外部交通小区间的 OD 对存在波动较大的特点(发生和吸引量的方差较大),实际规划中常存在规划年对外出行预测量过大的问题。可以考虑结合交通规划中城市及区域宏观交通参数稳定性好、便于预测的特征,对城市各类人群对外出行频率进行预测,从而形成城市对外出行的总量控制体系。

居民对外出行强度远低于在市区内的出行强度,借助类似于居民出行调查的入户调查方法获取对外出行强度资料的方法,一般会存在有效抽样偏低、成本较高的问题。在实际规划中可借助城市对外出口的有限性,通过调查干线交通方式对外的发送量以及主要对外道路交通量来获取城市对外总出行量,反推交通小区居民对外出行强度,建立交通对外出行发生模型 $G(H_i)$(H_i 为影响交通小区 i 出行发生量的影响因素向量)。还可以手机信令、地图位置服务等大数据获取和分析技术作为辅助分析手段。

3. 结合城市居民对外出行调查确定对外出行的 OD 分布

对城市主要对外交通换乘枢纽站、对外主要出入口进行居民出行调查,获取居民出行的主要目的地、目的、时间、个人属性等信息,得到城市 i 的居民对外出行的出行分布矩阵 M_i(起点在所调查城市内,终点在所研究影响区内的交通节点上,只考虑城市发生不考虑吸引)。通过对研究范围内主要交通节点对外出行表的组合可以近似得到特大城市交通影响区的城市/交通节点对外出行 OD 矩阵 M_{total}。

基于调查 OD 点对数据与交通小区社会经济、人口等数据,建立城市对外出行发生模型

$D(X_{ij})$ (X_{ij} 为影响交通小区 i 到交通小区 j 出行发生量的影响因素向量)。

$D(X_{ij})$ 的常见形式为重力模型的改进型,见式(5-10):

$$D_{ij} = K \frac{Q_i^\alpha Q_j^\beta R_i^\gamma R_j^\chi}{Cg_{ij}^\theta} \tag{5-10}$$

式中: Q_i, Q_j——城市 i 和城市 j 的人口;

R_i, R_j——城市 i 和城市 j 的生产总值;

Cg_{ij}——城市 i 和城市 j 间的广义交通费用;

$K, \alpha, \beta, \gamma, \chi, \theta$——模型待定系数。

也有研究人员采用非集计模型对分布机理进行描述,常见的为 Logit 模型的改进型。

4. 对外出行在通道内的划分

将区域交通节点对外出行 OD 矩阵 M 按照方向划分到城市对外客运通道中,形成通道出行量。

由于特大城市交通影响区交通结构网络化明显,OD 矩阵在通道内的划分常遇到多通道分配问题。已知现状 OD 点对关于通道的选择可基于调查数据建立对外出行通道的选择模型 $CS(Y_{ijk})$ (Y_{ijk} 为小区 i 到小区 j 出行发生量在通道 k 内分布的影响因素向量)。常见的模型结构有考虑通道容量限制的平衡网络模型和不考虑容量限制以出行者效用为目标的非集计模型等。

5. 方式-路径选择

按照出行者一般的出行行为逻辑,在选定目的地与通道之后,需要在通道的多方式、多路径对象中进行选择,故需求分析需要对应建立出行者方式-路径选择模型 $MS(U_{ki})$ (U_{ki} 为出行者 k 选择方式 i 的广义效用值)。

通道干线方式选择的方法有很多,大多基于个体选择出行理论。其基本假设在于:所有的出行方案对出行者皆有一定的效用;出行者面对多种选择方案时,依照效用最大化的原则进行选择。面对方案集 $\{A|a_1, a_2, \cdots, a_n\}$,出行者 k 的选择方案 a_{choice} 则有:

$$Ua_{\text{choice}} = \max\{Ua_1, Ua_2, \cdots, Ua_i, \cdots, Ua_n\} \tag{5-11}$$

式中: Ua_i——第 a_i 个方案给出行者 k 带来的效用。

从模型结构来说,常见的有 Logit、Probit、MD(Modal Demand)、分担率曲线等模型。Logit 模型由于在计算上较为方便,且比其他模型具有更好的预测能力,因此相对于其他模型应用地更为广泛。Logit 模型的一般形式见式(5-12):

$$P_i = \frac{\exp(U_i)}{\sum_1^n \exp(U_i)}, U_i = U(X_{ik}, Y_k) \tag{5-12}$$

式中: P_i——出行者 k 选择方式 i 的概率/对于 k 类出行者交通方式 i 的分担率;

U_i——交通方式 i 的广义效用值;

X_{ik}——交通方式 i 对出行者 k 的属性向量;

Y_k——出行者 k 的社会属性向量;

n——交通方式的个数。

在实际应用中为强化模型效率、克服模型的缺陷,Logit 模型衍生出较多的改进型,其中多项 Logit(Multinomial Logit,MNL)模型和巢式 Logit(Nested Logit,NL)模型在方式选择中较为常见。

由于居民出行路线是一个多方式相互衔接而成的"链条",在出行效用不能忽略的情况下(如中短通道出行),出行方式的选择应考虑完整的"链条",而非仅考虑其中的干线方式。现状研究成果处理的基本都是固定 OD 点对间方式、路径的选择问题,故对于路径的选择同样可以转化为出行效用的比选,即采用交通方式的选择来处理。对于规划年研究的方式点路径参数,一般通过出行意愿调查(Stated Preference Survey,SP 调查)获取的数据进行标定,进而供规划年新增方式的选择提供依据。

6. 规划年需求预测

结合规划年研究对象城市社会经济发展预测、国土空间规划等上位规划,预测规划年居民出行特征变动,对模型体系参数适量调整后代入规划年模型各阶段的预测值,对居民出行需求进行分析。

二、基于多源信息的城市群综合运输通道客货流数据整合分析

1. 数据整合对象

现阶段我国综合运输通道分析数据主要来源于三个方面。一是铁路、公路、水运、民航、邮政和管道等行业统计数据,如铁路站间客货运输 OD 数据、高速公路收费站车辆数据、国省道断面交通量观测数据、主要城市间航段客货流数据、内河航道货运数据和主要港口、机场的吞吐量统计等,此类数据一般基于收费系统和行业运行监测系统获取,数据可靠性高,但空间分布、客货类型方面的信息不全,尤其是公路客货运量数据,通过交通分析开展数据挖掘的难度也较大。二是通过手机信令、百度/腾讯/高德/滴滴等出行平台运营商提供的移动终端轨迹数据,此类数据颗粒度小、总体信息量大,客运分析覆盖面广,面向出行全过程,可供挖掘和提取的信息多,与国土空间和经济社会的匹配程度较好,但由于数据采样缺乏一般性、从数据轨迹到交通行为提取模型仍不成熟、货运信息提取困难等问题,实际应用过程中,分析结论的准确性有待提升。三是基于行业特种运输和重点车船的卫星导航定位(Global Position System,GPS)轨迹数据,此类数据具备较好的客货运输跟踪和转换能力,但由于安装设备的运载工具对象相对较为单一,对于综合交通运输需求特征的反映并不全面。

2. 数据整合思路与路径

(1)行业统计数据内部的整合。主要指不同运输方式间、客货运量、客货周转量的数据整合。不同运输方式之间的客货运量、客货周转量可以直接相加汇总作为全方式口径的总量。针对高速公路或高等级公路长期积累的断面交通量观测数据,可以借助相关区域交通调查、高速公路视频观测、客运班线售票情况、高速公路称重和物流平台货单数据情况等多维度数据,标定典型区域、线路等的交通量与客货运量转换关系(如单位客车实载率、单位货车实载率),作为扩大行业统计应用实现交通量统计和客货运量统计转换的重要渠道。

(2)行业统计数据与手机信令、地图位置服务数据的校验与整合。就目前国内交通运输

大数据分析的实践看,在区域层面上行业统计数据以及城市居民出行调查的统计数据与手机信令、地图位置服务等数据统计结果存在一定的差异。数据差异主要来源于数据粒度差异、交通行为识别规则的不一致和各行业统计误差,其中前两者对数据一致性的影响更为明显。因此在数据应用和开展阶段需要开展行业统计数据与多元大数据的校验和整合工作,具体来说就是在完成数据降噪处理后,发挥行业统计数据准确性和多源大数据信息丰富的优势,通过行业统计数据对多元大数据的轨迹数据提取模型进行调整与标定,形成集计模型下的规模和结构以行业统计为主、非集计模型下的出行行为与经济社会及国土空间的逻辑关联以多源大数据信息为依托的数据校验与整合体系。

三、运输需求与经济社会、国土空间的耦合关系

1. 交通运输需求与经济社会发展的耦合关系

客货运输规模结构与国民经济社会发展的水平密切相关,与地区生产总值、人口等关键因素的关系最为密切,发展的阶段性特征又与各地经济发展水平(人均生产总值)关系密切。

以省际客运需求为例。根据对各省出行发生量与吸引量的分析,京津冀、长三角、珠三角等经济发达、人口稠密地区省际旅客发生吸引量较高,而受到出行距离长、成本高以及收入水平的限制,西部地区、东北地区居民对外出行规模相对较低。

2. 交通运输需求与国土空间的耦合关系

基于国土空间的交通需求特征分析是研究综合运输通道布局与系统配置优化的重要途径。城市交通四阶段需求分析模型很好地模拟了居民出行的决策全过程,与国土空间的互动方面也具备很好的耦合关系。需求发生吸引方面,目前较为常用的是基于商业、工业、居住用地性质和开发强度的单位面积客货运输发生强度分析;需求空间分布方面,由于与产业链、生活圈等复杂经济和社会活动高度相关,往往采用案例实证和进程推演等方式进行分析,找出研究范围内交通小区客货运输的相关性并标定相关模型;由于国土空间所承载的产业、城镇、人口特征方面的差异,在综合运输通道中所适宜配置的交通运输方式也有所差异;国土空间对交通运输的影响在规划年需求分配网络中也需得到全面的体现。

第六节 城市群综合运输通道线路配置方法

一、既有规划方案评价

1. 供需匹配评价

根据走廊区段、综合交通网需求预测结果,对照规划年走廊区段、综合交通网规划方案的运输能力(公路通行能力、铁路到发能力、内河航道通行能力),开展供需匹配评价,以公路拥

挤度、铁路能力利用率、内河航道拥挤度为表征，识别能力紧张或过剩的区段和线路。

2. 国土空间适宜性评价

利用地理信息系统(Geographic Information System, GIS)空间分析手段，叠加规划通道线路与国土空间规划"三区三线"划定情况，综合判断通道与"三区三线"划定的协调程度。位于城镇开发边界内的通道比例越高，则通道与"三区三线"协调程度越高；位于永久基本农田和生态保护红线外的通道比例越高，则通道与"三区三线"协调程度越高；反之，则协调程度越低。

3. 系统性综合评价

将系统效率、服务水平、生态环保水平作为通道规划建设的重要目标，采用定量分析方法，计算系统效率最大化、服务水平最大化和生态环保水平最大化的多目标优化，得到最优状态下的均衡解集。具体测算时，系统效率可采用交通运输经济价值产出和综合交通网建设投入的比值，服务水平可采用出行速度与出行成本的比值，生态环保水平可采用用地成本和碳排放成本总和。模型约束条件方面，可以根据实际情况设计，一般考虑基础设施投入的上限要求、线路饱和度(利用率)保持在合理区间、运行速度达到经济社会发展要求的下限、分方式客货运比例符合运输结构调整方向、土地资源和排碳量具有上限要求等。以通道研究区域的综合交通网规划方案为基础，结合交通分配模型，计算系统效率、服务水平和生态环保水平函数，通过算法对备选新建和改建线路组合进行优化迭代，形成规划方案。

二、方案优化

综合多种方法的规划方案评价结果，对通道内线路既有规划方案进行优化完善，包括新增线路、调整线路、改扩建线路、相邻城市路网衔接、立体复合建设模式、项目建设时序调整。其中，根据系统性综合评价结果，可识别出偏好系统效率、服务水平、生态环保水平的具体线路以及线路之间的相关性，制定规划线路的建设时序，以提升不同建设周期内综合交通网的整体效能。

在此基础上，提出通道发展对策。在通道线路设施建设方面，提出通道内线路发展建设思路和重点，包括铁路、公路、内河、航道等分方式线路，同方式内不同技术等级线路融合发展，港口、机场等重要交通枢纽和产业园等重要经济节点的集疏运线路，跨市交界区域线路衔接贯通，以及多方式共用线位复合立体化建设。在通道效能综合提升方面，提出通道内线路效能提升思路和重点，包括智慧公路、智能铁路、高速磁悬浮等新型交通基础设施，以及一体化客货运组织模式、交通产业廊道、货运廊道等。在通道管理措施优化方面，提出通道跨市跨方式协同管理思路和重点，包括机制构建、规划设计衔接、路网管控、信息共享、政策和法规标准制定等。

本章参考文献

[1] 张帅,张迪.【数说交通】从历次交通大调查看东京都市圈出行特征的变化[EB/OL].[2021-06-02]. https://mp.weixin.qq.com/s/CETlkeE6M0mgFsV5hMdzoA.

[2] 同济大学建筑与城市规划学院,智慧足迹数据科技有限公司.2021长三角城市跨城通勤年度报告(公众版)[EB/OL].[2021-11-30].https://baijiahao.baidu.com/s?id=1717803761828812810&wfr=spider&for=pc.

[3] 百度慧眼宁波规划创新实验室.数读湾区:基于大数据分析的环杭州湾大湾区"一体化"网络及其特征分析[EB/OL].[2019-12-16].https://baijiahao.baidu.com/s?id=1653053533721625647&wfr=spider&for=pc.

[4] 华设设计集团综合规划研究院综合运输规划一所.江苏三大都市圈空间及出行特征比较研究[EB/OL].[2021-08-27].https://mp.weixin.qq.com/s/P5_QlhZpfoARn8SRC6_0ZA.

[5] 百度慧眼天津规划院联合创新实验室.京津跨域通勤特征与职住空间分布研究[EB/OL].[2019-08-01].https://baijiahao.baidu.com/s?id=1640641290334820700&wfr=spider&for=pc.

[6] 1/6图片工作室.波士顿「128科创走廊」,「生物经济」发展教科书[EB/OL].[2022-05-16].https://mp.weixin.qq.com/s/mp2No_ZQXZ1wrgzzf8iCuQ.

[7] 林雄斌,卢源.都市区跨区域通勤特征与影响因素研究——以京津城际高铁为例[J].城市规划,2021,45(12):104-113.

[8] 邵源,黄启翔,易陈钰,等.粤港澳大湾区综合立体交通网战略构思[J].城市交通,2022,20(2):90-98.

[9] 深圳市城市交通规划设计研究中心.重磅发布|2019年深圳市居民交通行为与意愿调查报告出炉[EB/OL].[2020-09-09].https://mp.weixin.qq.com/s/-8Hl3hBpKcIioDcVEfTpsg.

[10] 毛敏.城市化进程中区域客运走廊的发展研究[D].成都:西南交通大学,2005.

[11] 赵莉,袁振洲,李之红,等.综合客运通道设计的双层规划模型及算法[J].北京交通大学学报,2009,33(6):36-41.

[12] 邵俊杰.货物运输通道的演变及实证研究[D].北京:北京交通大学,2010.

[13] 彭辉,续宗芳,韩永启,等.城市群城际运输结构配置客流分担率模型[J].长安大学学报(自然科学版),2012,32(2):91-95.

[14] 周天星,左科,刘澜,等.城市群多方式运输通道与网络可靠性[J].综合运输,2019,41(3):59-65.

[15] 谢琛.深莞惠都市圈跨城通勤研究[EB/OL].[2021-06-22].https://mp.weixin.qq.com/s/2oyUcxASzrGIfDMBumQ_zA.

[16] 章玉.基于手机信令的城市群通道出行特征提取方法研究[J].综合运输,2017,39(11):57-62.

[17] 杨开忠.京津冀协同发展的新逻辑:地方品质驱动型发展[J].经济与管理,2019,33(1):1-3.

[18] 胡鞍钢,周绍杰,鲁钰锋,等.重塑中国经济地理:从1.0版到4.0版[J].经济地理,2015,35(12):1-10.

[19] 韩小明.对于产业融合问题的理论研究[J].教学与研究,2006,(6):54-61.

[20] 厉无畏,王慧敏.产业发展的趋势研判与理性思考[J].中国工业经济,2002,(4):5-11.

[21] 植草益.信息通讯业的产业融合[J].中国工业经济,2001,(2):24-27.
[22] 张国华.交通 产业 空间 京津冀一体化下的协同规划[J].人民论坛,2014,(16):60-61.
[23] 张国华,秦迪.交通·产业·空间规划协同创新研究[J].区域经济评论,2016,(5):69-73.

第六章

广深港通道规划实践探索

广深港通道是粤港澳大湾区最重要的经济走廊,是国家综合立体交通网中客货流最密集、多方式交通设施最集中的运输通道之一,也是广东省交通强国建设试点、推进"两新一重"(新型基础设施、新型城镇化和交通等重大工程)建设的重点工程。近年来,围绕广深港通道规划研究工作,在通道功能特征画像、与经济社会及国土空间利用相关性、需求分析预测、通道定位目标、线路配置评价及优化等方面,基于手机信令等多源数据融合,探索创新规划技术方法,以期为完善综合运输通道规划理论方法、其他通道开展类似研究工作提供参考和借鉴。

第一节 广深港通道现状功能特征画像

一、通道基本情况

广深港通道沿珠江东岸串联广州、东莞、深圳、香港四地,这四个地区2021年常住人口合计5402万人;面积总计12958平方公里;人口密度4168人/平方公里,是东京都市圈的1.3倍,超过美国人口密度最高的洛杉矶城市地区。广深港通道由广深铁路、广深港客运专线、穗莞深城际铁路以及广深高速公路、广深沿江高速公路等多条线路和枢纽节点(港口机场高铁站等)共同组成,是交通基础设施的密集带、客货运输的密集区、对外开放以及与香港交流的前沿区、交通科技和模式创新的先行区,支撑带动了沿线高新技术、制造、商贸、金融等产业发展和城镇延绵成片。

广东省第十三次党代会指出,"珠三角各市依托广深港、广珠澳两个廊道的传导效应,汇聚起强大的发展势能、改革动能"。展望未来,广深港通道面临沿线科创走廊建设和国土空间布局及结构调整、交通运输需求结构深刻变化、交通建设项目集中、新型交通方式及先进技术装备率先应用、综合交通运输管理体制机制不断完善,以及土地资源极其有限、生态环保要求进一步提高等多重机遇和挑战。

二、通道研究范围、规划范围和骨干线路组成

1. 研究范围

研究范围包括广州、东莞、深圳通道沿线和功能联系紧密区域,主要是广州、东莞、深圳三市,并考虑与香港的交通联系,结合实际需要可研究范围扩展到粤港澳大湾区及更远地区。

从功能看,广深港通道是广州、东莞、深圳、香港四地交通客货流联系最为集中的通道,既承担城际间交通运输,也承担港口、机场等大型枢纽引致的过境交通和珠江东西岸间的过境交通。研究广深港通道的需求、功能问题,不能只限于客货流密度最大线路组成的有限空间,必须放在较大区域范围内综合分析交通与产业、城镇的融合关系,线路与港口、机场、铁路站场等节点之间的联动关系,各方式线路网络之间的联动关系。因此,研究范围扩展至广州、东莞、深圳三市域,并考虑粤港澳等更广阔区域。

2. 规划范围

本研究需要就通道内线路配置优化提出具体规划方案,资源环境承载是基本条件,为此要划定广深港通道规划范围。广深港通道的空间范围目前尚未见到明确界定。本研究基于四地之间公路、铁路交通联系主要方向和主要线路,利用手机信令等大数据分析交通出行特征,兼顾沿线主城区为核心的半小时交通圈范围。将规划的通道空间范围可界定为:西以许广高速公路(G0421)—广州环城高速公路—广珠西线高速公路—广台高速公路—东新高速公路为界,东以从莞深高速公路为界,北以珠三角环线高速公路为界的区域。此通道空间范围包含了广州、东莞、深圳三市的大部分市域。

主要规划对象为广州—东莞—深圳—香港方向的铁路、城际铁路、干线公路和新型陆路交通方式,以及深圳、东莞与广州之间的跨珠江交通线路。珠江的水运以及广州、东莞、深圳三市的机场、港口作为重要影响因素给予考虑,不作为规划对象。

3. 骨干线路构成

基于《广东省综合立体交通网规划纲要》《广东省国土空间规划(2021—2035年)》《广东省综合交通运输体系"十四五"发展规划》《广深科技创新走廊规划》以及广州、东莞、深圳综合交通运输体系规划,梳理通道空间范围内的交通线路,以客货运输服务功能为依据,以区域交通中重要线路可区分为要求,将通道内的骨干线路进一步划分为"五纵四横"空间结构(表6-1、表6-2)。其中"五纵"为广深港通道的主要功能廊带,是研究的重点;"四横"为广深港横向联络廊带,是通道功能发挥的重要组成。

广深港通道"五纵"骨干线路现状 表6-1

走廊名称	经过区镇	主要包含要素
走廊一(南沙走廊)	海珠—番禺—南沙—虎门—宝安	广深港高速铁路、S4华南快速路、S73南沙港快速路、G4W/G0425广澳高速公路、虎门大桥、南沙大桥
走廊二(沿江走廊)	黄埔—麻涌—虎门—长安—西乡—南山	S3广深沿江高速公路

续上表

走廊名称	经过区镇	主要包含要素
走廊三（莞西走廊）	新塘—中堂—万江—厚街—长安—沙井—南山	穗莞深城际铁路、G4 京港澳高速公路（开发区—福田区）
走廊四（莞中走廊）	石滩—石碣—东城—大岭山—公明—龙华—福田	G94 珠三角环线高速公路（石滩—松山湖）
走廊五（莞东走廊）	园洲、石滩—石排、企石—樟木头—凤岗观澜—横岗	京九铁路—广深铁路、S29 从莞深高速公路（企石—凤岗）

广深港通道"四横"骨干线路现状　　表 6-2

走廊名称	经过区镇	主要包含要素
走廊一（穗惠走廊）	海珠—黄埔—新塘—石滩	广深铁路、G35 济广高速公路
走廊二（穗莞走廊）	番禺—东城—石排	佛莞城际铁路
走廊三（莞南走廊）	南沙—虎门—大岭山—樟木头	G9411 莞佛高速公路—G15W3 甬莞高速公路、S6 广龙高速公路（含南沙大桥）
走廊四（深北走廊）	西乡—龙华—凤岗	G2518 深岑高速公路、G15 沈海高速公路、S86 深圳外环高速公路

三、通道边界识别

广深港通道广州—东莞—深圳段（以下简称穗莞深段）是粤港澳大湾区最重要的交通经济走廊。促进交通系统配置优化、实现与沿线国土空间协同发展，需要基于规模、网络和功能视角，研究识别穗莞深段的边界，以便精准确定规划对象。

1. 数据基础

（1）基于行业统计和开放街道地图（Open Street Map）的广东省现状铁路、高速公路、国道、省道和城市快速路网络和设计等级、速度等属性；

（2）粤港澳大湾区区县、穗莞深三市镇街的面层数据和经济社会数据；

（3）高速公路、普通国省道观测站数据和公路收费数据；

（4）铁路区间客货运密度数据；

（5）基于联通手机信令的穗莞深三市镇际出行 OD 数据、镇际通勤出行 OD 数据；

（6）基于联通手机信令和地图位置服务的典型线路区间的出行轨迹数据。

2. 通道宽度划定

1）基于规模导向

对穗莞深三市的铁路、高速公路、普通国省道现状交通量运行情况进行分析，提取规模集聚效应突出的线路。客货运输量的分布主要集中在通道内的少数线路上，以高速公路为例，三市范围内 25% 的高速公路线路承载了 70% 的交通量。

2）基于网络结构

以通道内运输规模大、出行距离长的铁路、高速公路为主骨架，基于区域综合交通网络，对承担骨干作用的线路进行功能层面聚合和直接影响范围划定，确定通道的直接影响区，扩展通道范围后作为通道边界的参考区。

3）基于功能范围

按照中心城区与外部组团间、三市市域边界和交通网络关键区段三个层次，在市域范围内选定了 57 个典型镇界断面，基于联通手机信令和 LBS 出行轨迹，分析各断面承载出行量的 OD 分布和结构特点，确定通道内线路的服务对象和功能类型。

对 57 个断面上服务穗莞深段的出行比例和服务广深城际出行的比例进行计算，形成基于城市群和城际两个功能维度的散点图（图 6-1），当上述比重的数值大于 0.6 时认为对应断面的线路相应的功能显著。

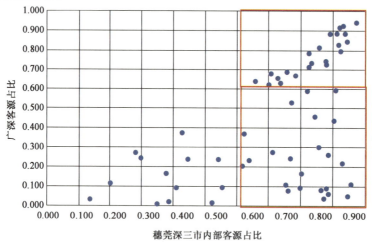

图 6-1　典型镇界断面交通量功能散点图

以服务穗莞深段出行比例达到 60% 作为认定线路具备通道功能的阈值，对通道功能突出的线路区间进行梳理，得到本地服务功能维度下的通道边界；以广深城际铁路出行占比超过 80% 作为阈值，得到广深城际铁路出行使用偏好特征突出的城际廊带边界。

以东莞北侧和西侧边界、深圳北侧边界为核查线，对广深城际铁路出行在断面上的规模分布进行提取，可知 94% 的广深城际铁路出行通过穗莞边界，97% 的广深城际铁路出行通过莞深南侧边界。因此，可以将穗莞边界和莞深南侧边界作为广深城际铁路通道用户出行的偏好空间，两个边界的长度作为城际通道的宽度。

3. 通道长度划定

1）基于出行量波动

广州、深圳两个都市圈组成的城市群地区存在客流波动的对称性，通道长度的判定阈值可以用客货运量的近似最小值代替。利用手机信令数据提取 57 个镇界断面的客流特征，由于断面的选取相对离散，将通道方向上客流规模接近区域极小值的节点按照垂直于通道方向进行连接，在穗莞界和虎门—大岭山—大朗—黄江塘厦—清溪分别提取出两条客流在 2 万～3 万人/日的带状客流凹地。将上述客流带作为两个都市圈影响的参考界面，则得到广州都市圈在穗莞深段内的长度约为广州中心区至穗莞界,约 20~35 公里;深圳都市圈在穗莞深通道内的长度约为深圳中心区至虎门—清溪带,长度约 30~40 公里。

2)基于通勤规模

通过穗莞深三市各交通小区与主城区通勤的比例、通道断面通过的客流通勤占比、通道承载的都市圈中心城市客流比例等指标,划定穗莞深段服务广州和深圳都市圈的长度界限。

根据穗莞深段典型通道断面的通勤比计算结果,通勤交通主要集中于广州市域、深圳市域和东莞南部地区。东莞市内镇际出行通勤比大致保持在 6%~9% 的区间内,跨镇通勤特征不明显。

通道内与广州、深圳通勤的交通分布特点表现为:以广州市、深圳市主城区为中心,有规模递远递减的特征;大部分通勤客流集中在主城区和外围长度约 25~30 公里(广州)、30~35 公里(深圳)。从各镇与广州通勤交通占对外交通的比例看,广州全域、东莞北部和中部部分镇街与广州通勤联系较强,深圳全域、东莞中南部地区与深圳通勤联系较强。在广深港通道内,以镇际通勤比 10% 划定都市圈,广州都市圈的半径在 25~35 公里,深圳都市圈的半径在 35~40 公里;以镇际通勤比 5% 划定都市圈,广州都市圈的半径在 30~40 公里,深圳都市圈半径在 45~55 公里。

四、通道可达性分析

基于交通运输、经济社会统计数据,测算广深港通道可达性,作为综合运输通道功能的重要表征。

1. 数据基础

研究区域包含广州、东莞、深圳范围内 55 个县级行政区划小区以及香港特别行政区共计 56 个交通小区。行政边界矢量数据、公路网和铁路网矢量数据来源于开放街道地图,人口、生产总值数据来源于《广东省统计年鉴 2018》。规划方案为 2035 年广东省及广州、东莞、深圳三市的综合交通规划方案。

2. 可达性

交通可达性不仅与节点地理空间区位和交通基础设施状况有关,还与节点经济社会发展水平有关。利用加权平均旅行时间模型,使用节点人口、生产总值、最短旅行时间来计算不同交通网络中节点的可达性和可达性系数,以此来分析不同交通网络的可达性格局。可达性表征该节点到达其余节点的便捷程度,可达性系数表征节点在研究区域内的可达性水平的相对高低。

综合考虑交通网络最短旅行时间和节点经济社会发展水平,采用加权平均旅行时间模型来测度节点可达性水平,见式(6-1):

$$A_i = \frac{\sum_{j=1, j \neq i}^{n}(T_{ij} \times M_j)}{\sum_{j=1, j \neq i}^{n} M_j} \tag{6-1}$$

式中：A_i——节点 i 的加权平均旅行时间，即可达性值；
　　　n——节点个数；
　　　T_{ij}——节点 i 到节点 $j(j \neq i)$ 的最短旅行时间；
　　　M_j——人口和生产总值的算数平方根，即 $M_j = \sqrt{POP_j \times GDP_j}$。

可达性系数是指网络中某节点的可达性值与所有节点可达性平均值之比，计算见式(6-2)：

$$A'_i = \frac{A_i}{\sum_{i=1}^{n} \frac{A_i}{n}} \tag{6-2}$$

式中：A'_i——节点 i 的可达性系数，值越小，交通越便捷；
　　　A_i——节点 i 的可达性值；
　　　n——节点个数。

根据式(6-1)和式(6-2)计算通道内 56 个节点公路、铁路 2 种交通网络的可达性值及可达性系数，将可达性值赋予各节点空间单元，得到广州、深圳、东莞三地的公路、铁路可达性，见图 6-2、图 6-3、图 6-4。

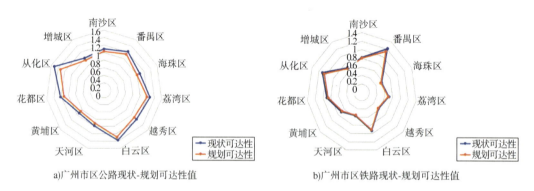

图 6-2　广州公路铁路可达性示意图

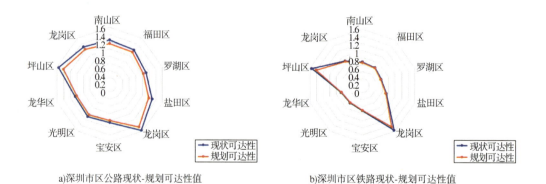

图 6-3　深圳公路铁路可达性示意图

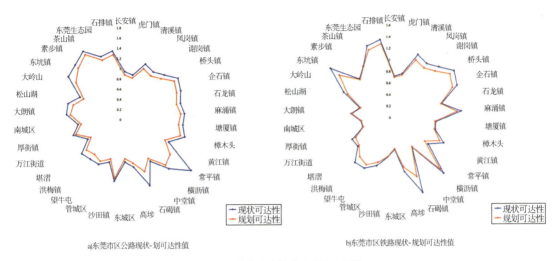

a) 东莞市区公路现状-划可达性值　　　　b) 东莞市区铁路现状-规划可达性值

图 6-4　东莞公路铁路可达性示意图

五、通道运输特征分析

1. 客运规模与强度

基于 2019 年、2020 年行业统计数据，2019 年 11 月手机信令数据和 2020 年 11 月 LBS 数据测算，广深港通道三市居民出行总规模约 11600 万人/日，小区间（跨镇街）出行约 4800 万人/日，约占三市全出行的 41.4%。以常住人口计算小区间出行强度约 1.04 次/日，广州、深圳、东莞的小区间出行强度分别为 1.2 次/日、1.06 次/日和 0.8 次/日（表 6-3）；以实际管理人口计算小区间出行强度约 0.77 次/日，广州、深圳、东莞的小区间出行强度分别为 0.9 次/日、0.8 次/日和 0.65 次/日。

广深港通道各市小区间出行强度（常住人口计算）　　　表 6-3

城市名称	出行强度
广州	1.2 次/人日
深圳	1.06 次/人日
东莞	0.8 次/人日

注：本处小区间出行指广州主城区（越秀区、天河区、荔湾区、海珠区、黄浦区）、深圳主城区（福田区、罗湖区、南山区、盐田区）之间的出行，其他小区为镇和街道。

2. 三层次通道功能

广深港通道是多重交通功能的复合体，表现为双核牵引、双圈互动、组团互联（图 6-5）。双核牵引是以广州、深圳国际性综合交通枢纽城市为牵引，辐射带动泛珠地区和全国的跨省、跨区域交通功能。双圈互动是以广州、深圳都市圈为核心，两大都市圈人员、生产生活要素、信息等资源对流促进的城际交通功能。组团互联是区域

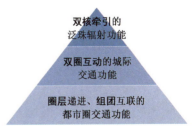

图 6-5　广深港通道功能特征示意图

(都市圈)内交通组团间的日常性、高频次、大规模、分圈层客货运输形成的都市圈交通功能。

从空间层次上讲,自上而下三种类型的空间范围依次递减。从需求规模上看,自上而下三种类型的功能需求规模由小到大,广深港通道的高质量发展需要在保障国家和省(区、市)的战略目标以及满足地区生产生活两方面实现兼顾和有机协调。

1)双核牵引的泛珠辐射功能

广深港通道是《国家综合立体交通网规划纲要》中粤港澳交通发展"极"的核心构成,是全国交通发生吸引量最为密集的地区,对全球资源配置、对外开放格局、国土空间开发、交通组织集散等具有全国性乃至全球性的影响。

(1)对外交通强度大。广深港通道沿线城市对外交通需求规模巨大、强度居全国前列,对外辐射带动效用显著。2019年穗莞深三市城市对外出行总规模约1100万人/日,占三市全部出行约10%,是京津冀、长三角、珠三角地区的4倍、3.5倍和2倍。

(2)跨省需求以泛珠地区为主。从铁路运输分布情况看,三市的跨省需求以泛珠地区为主,客货流规模总体上呈现沿京广、南广、贵广、沿海、京九等国家铁路通道递远递减的特征。湖南、广西、湖北、福建、江西、河南、贵州、四川、浙江、重庆等省(区、市)铁路到发量占三市对外铁路出行9成(图6-6),其中京广铁路、沿海铁路、南广铁路等方向为主要客流方向,京九铁路、贵广铁路方向为重要客流方向。高速公路跨省需求主要集中在相邻省份,湖南方向交通量超过5383万pcu/年❶,广西方向超过5332万pcu/年、江西方向超过4594万pcu/年、福建方向超过1609万pcu/年。港口吞吐量省外货源主要集中在泛珠西南地区,约占7%。

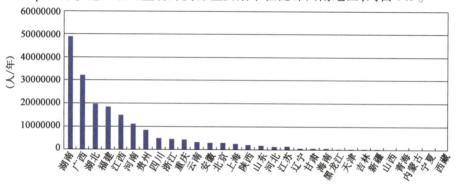

图6-6 三市跨省铁路客运量规模示意图

2)双圈互动特征突出的城际交通功能

广州、深圳、东莞是粤港澳大湾区城际交通的关键节点。城际出行规模大,跨市交通以毗邻地区为主,广深双核商流互动显著、高速出行系统偏好突出。根据2019年行业统计数据,穗莞深三市之间的铁路出行11270万人次,占三市铁路到发总量的21%,占广东省跨市铁路出行总规模的37.4%;高速公路日交通量290万pcu,占三市高速公路对外交通量的62%。与广东省城际出行特征❷类似,三市跨市客运出行以相邻城市为主,东莞与广州、深圳之间的高速

---

❶ pcu为标准车当量数,Passenger Car Unit。
❷ 目前广东省跨市客运出行以相邻城市为主,广深高速公路客车交通量在深莞、广佛、穗莞、深惠之后;跨市货运交通则呈现显著的中短途特征,广深高速公路货车交通量仅在全省排第10位,位列广佛、深莞、穗莞、深惠、佛肇、佛江、穗清、莞惠等之后。

公路交通量占三市之间高速公路交通量的87.5%。

跨市公路客流主要集中于深圳与东莞毗邻地区(如深圳松岗镇、沙井镇、观澜镇、平湖镇、龙岗街道、龙华街道、公明街道与东莞长安镇、塘厦镇、凤岗镇、大朗镇之间)、广州主城区(天河、越秀区)和深圳主城区(罗湖区、南山区、福田区)之间以及广州与东莞毗邻的部分地区(如新塘镇—中堂镇、黄埔区—麻涌镇、南沙街道—虎门镇),其中深圳中西部地区与东莞南部地区的城际出行规模和强度更为突出。

根据2019年、2020年手机信令和LBS数据测算,广州—深圳工作日日均出行总量约55万人/日,周末客流有10%~20%的增幅。广深空间距离约为150公里,双核城际交通中通勤比例不高,商务、休闲等非通勤出行比例超过95%;广深交通联系铁路出行规模约为14万人/日,高速公路出行约为18万人/日(8万pcu/日)。因商务、休闲目的下的出行对服务品质要求较高,高速铁路、城际铁路、高速公路等快速化出行方式占比约6成。

3)圈层发展、组团支撑的都市圈交通功能

广深港通道所在区域是广州和深圳两大都市圈的核心区域和重合区,呈现出都市圈交通叠加互动的特点。

基于2018年百度就业人口及其密度数据进行分析,珠三角地区2018年就业人口4687.97万人,各镇街平均就业人口密度为5538人/平方公里。其中,广州天河区、海珠区、越秀区、荔湾区、白云区五区就业人口619.87万人,平均就业人口密度21005人/平方公里;深圳福田区、宝安区、罗湖区、南山区四区就业人口361.31万人,平均就业人口密度16108人/平方公里,两大都市圈核心区雏形初现。

提取分析广州深圳主城区通勤比例、主城区1~1.5小时覆盖范围以及用地连绵区的信息,基于都市圈向心通勤、交通等时、用地连绵三个视角,综合确定广深港通道的核心圈和紧密圈。其中,核心圈为上述广州五区及深圳四区。广州紧密圈主要为靠近核心圈的广州从化、花都、新塘、番禺、南沙以及佛山南海、禅城、顺德部分镇街;深圳紧密圈主要为靠近核心圈的深圳宝安、龙岗以及东莞凤岗镇区域。总体而言,广州都市圈半径为55公里,略大于深圳都市圈50公里的半径;具体到广深港通道方向,广州都市圈辐射能力相对弱化,收缩到40公里左右,呈现出深圳影响距离长、广州影响距离稍短的特点。广深港通道范围都市圈内出行占全出行的比例超过9成,占镇际出行的比例近8成,都市圈内交通是通道内交通的主体。由于承担了大量的都市圈内交通出行,通道内部分快速交通干线的出行较多为中短途出行,广深沿江高速公路平均出行距离仅为16公里❶,广深高速公路平均出行距离仅为19.4公里❷。

通道内交通呈现"都市圈层化+边缘连绵区+区域组团化"的特点。主要体现为:

①通道内交通分布呈现显著的向心特征。作为核心圈的广州和深圳主城区(越秀、海珠、天河、荔湾、黄埔、福田、罗湖、南山、盐田)交通出行最为集中,主城区内各小区间、主城区与紧密圈层之间、紧密圈层与其他区域组团间出行呈现递远递减的特点。如图6-7所示,海珠—南沙—虎门—宝安—南山走廊客流断面两端超过50万人/日,外圈层在10万~20万人/日,区域组团进一步下降到5万~10万人/日。

---

❶ 只包含OD均在广深沿江高速公路上的出行。
❷ 数据来源:广深高速公路改扩建项目可行性研究报告。

(2)通道边缘连绵区特点突出,南段通勤需求显著。三市城市交通与对外交通的边界与行政边界分离,行政边界地区的城市交通特征突出。如深圳—东莞界,由于建成区连片,产业链、供应链、生活圈融合,跨市通勤规模巨大。2019年深莞跨市出行规模约160万人/日,其中跨市通勤出行规模约20万人/日,占比约13%,特征更接近于深圳北部城市交通。

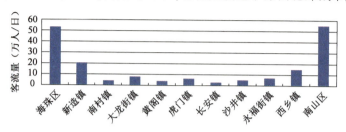

图6-7 海珠-南沙-虎门-宝安-南山走廊客流断面特征

3. 通道走廊特征

对通道"五纵四横"走廊现状和规划设施进行拓扑化处理,形成"五纵四横"拓扑网络,构建25个纵向走廊区间和10个横向走廊区间,以35个断面作为通道小粒度分析的基础和研究单元。以2020年公路单日双向客货当量交通量、2019年铁路客货运密度等行业统计数据为基础,进行通道流量换算。参考广东省交通运输结构经验参数,折算高速公路车辆客货运量。结合手机信令划分的50余个断面,叠加分析主要区段的平均出行距离及通勤比例,综合分析"五纵四横"走廊交通特征。

1)五纵走廊

纵一南沙走廊:双都市圈交通+过江交通+疏港交通叠加。通道客货运输需求大,能力整体紧张(平均能力利用率超过90%),跨珠江段能力瓶颈突出。从广州到深圳走廊依次呈现出广州都市圈核心区与外部主要组团走廊、广州都市圈二圈层向三圈层辐射(港口集疏运)、跨珠江走廊、深圳都市圈边界组团向东莞辐射、深圳都市连绵区的交通特点。如图6-8所示,南沙以北需求规模和通勤比呈北高南低、平均出行距离呈北短南长,该走廊海珠—番禺区段的高速公路、高速铁路客运密度明显高于番禺—南沙区段,虎门以南需求规模和通勤比呈北低南高、平均出行距离呈北长南短,跨江段受到过境交通影响客货需求旺盛,南沙区以北及以南段高速公路货运需求旺盛。

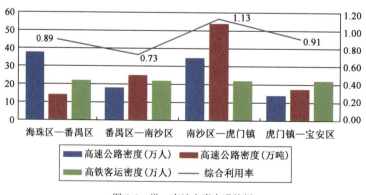

图6-8 纵一南沙走廊交通特征

纵二沿江走廊：组团化出行＋货运特征突出。如图6-9所示，以广深沿江高速公路为主体，能力利用总体均衡，货运功能突出（客运密度约15万人/日，货运密度约20万吨/日），虎门—长安段能力相对紧张。由于通道中段紧邻珠江口东岸，沿线城镇和人口密度相对较低，整体呈现出较强的组团化出行特征，广州段广州都市圈圈层辐射＋过境交通特点相对突出，东莞段区域组团间出行特征突出，深圳段不同圈层都市圈出行特征叠加。

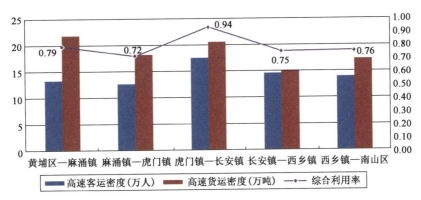

图6-9 纵二沿江走廊交通特征

纵三莞西走廊：市域交通＋东西向过境交通叠加。走廊串联广州、东莞、深圳主城区，能力利用总体紧张，中部与跨珠江线路交汇区段能力紧张情况最为突出（图6-10）。整体呈现出穗莞深组团交通＋东西向长距离出行混杂特征，广州段广州都市圈圈层辐射＋过境交通特点相对突出，东莞段区域中心区对外以及组团间出行特征突出，深圳段多圈层都市圈出行特征显著，北部断面受到东西向长距离出行的扰动（向北经G9411莞佛高速公路或S6广龙高速公路向珠江两侧辐射），出行距离最长、通勤比也最大。

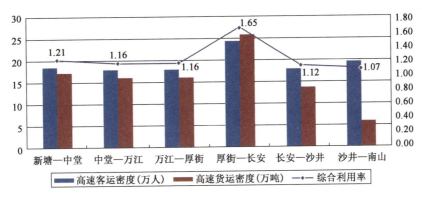

图6-10 纵三莞西走廊交通特征

纵四莞中走廊：广州都市圈东向＋深圳都市圈北向交通特征组合。

走廊途经广州东部、东莞中东部、深圳中部，能力利用水平呈现北低南高的特点，深圳境内各区段总体拥堵（图6-11）。走廊以深圳都市圈交通为主，广州段与纵三莞西走廊特征一致，东莞段除东城—大岭山区段呈现出东莞主城对外交通影响外，还呈现出低通勤、长出行距离的东莞市组团出行特征，深圳境内圈层化特征较为明显，北向高速化出行中长距离出行比例较大。

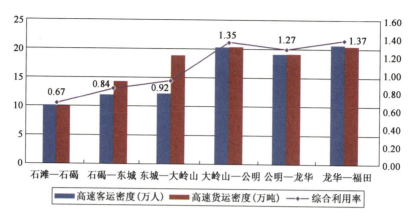

图 6-11 纵四莞中走廊交通特征

纵五莞东走廊：东莞组团间交通叠加弱化的深圳都市圈北向交通。

纵五莞东走廊是广深港通道最东侧的走廊，是广深之间传统的铁路通道，客货运输规模较大（高客流区段密度约 64 万人/日、高货流区段密度约 11 万吨/日），总体适应性能力较强，如图 6-12 所示。走廊整体呈现弱化的深圳都市圈北向交通+东莞组团间交通+穗深铁路城际交通的组合特征。广州段与纵四莞中走廊特征一致，东莞段呈现出低通勤、长出行距离的组团出行特征，深圳境内存在圈层化特征，但规模和强度较低。

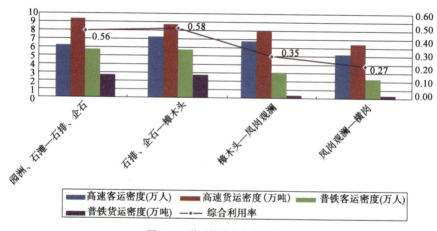

图 6-12 纵五莞东走廊交通特征

2）四横走廊

4 条东西向走廊总体上呈现显著的过境交通特点，根据走廊与广州、深圳、东莞主城区位置关系表现出一定的都市圈交通特点。受到广东省经济社会格局和交通运输网络格局的影响，整体上呈现南侧走廊需求更大、设施拥挤度更高的特点。

横一穗惠走廊：与广州市东向走廊重叠，除长距离、低通勤比的区域交通特点外，呈现出圈层化的都市圈交通特点，自西向东高速公路客货运密度逐步扩大、能力利用率逐步增大但都尚未饱和（图 6-13）。

横二穗莞走廊：多方式线路尚未全部贯通，交通特点尚未完全显现（图 6-14）。

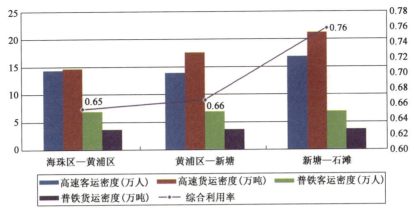

图 6-13　横一穗惠走廊交通特征

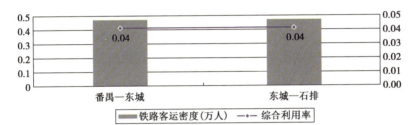

图 6-14　横二穗莞走廊交通特征

横三莞南走廊：是通道内最为重要的横向走廊及珠江上最大的过境交通通道，客货运输需求规模大、货运占比高（高客流区段密度约 20 万人/日、高货流区段密度约 53 万吨/日），南沙—虎门段高速公路货运密度明显较大，通道整体能力紧张（平均 VC 比❶超过 1.3），呈现显著的长距离、低通勤特点，如图 6-15 所示。

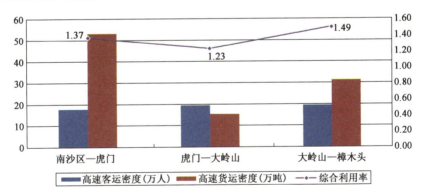

图 6-15　横三莞南走廊交通结构特征

横四深北走廊：跨江段尚未贯通，需通过横三莞南走廊过江，由于空间上接近深圳主城，深圳都市圈外圈层交通叠加过境交通特点突出，客货运输需求规模大且相对均衡（高客流区段密度约 23 万人/日、高货流区段密度约 30 万吨/日），通道能力紧张（平均 VC 比超过 1.5），如图 6-16 所示。

---

❶　VC 比为交通量与通行能力之比。

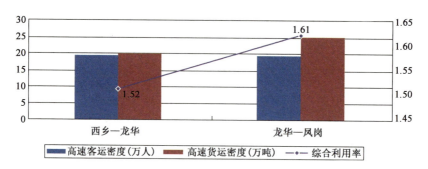

图 6-16　横四深北走廊交通特征

3)"五纵四横"走廊功能分类

鉴于广深港通道各走廊区段功能差异,通过多维画像对通道范围内"五纵四横"走廊的35个区段进行聚类分析和特征集聚,按照都市圈交通、过境交通、组团交通特点进行划分和提取,形成通勤型、通过型、组团型三类断面特征。通勤型区段通勤比例高、客运需求规模更大,出行距离一般较短。通过型区段通勤比例低、货运需求规模相对更高,出行距离一般较长。组团型区段的通勤比例、客货运输比例和出行距离一般介于以上二者之间,部分区段存在与前二者的混合型特征类似的情况。

按照以上三类特点,基于客货流、通勤比、出行距离等关键要素形成通道内各走廊分区段的特征图谱。海珠/天河—黄埔、海珠—番禺、南山—沙井、南山—西乡、福田—龙华、横岗—凤岗等断面通勤特征明显,新塘—石滩、石滩—石碣—东城、南沙—虎门—大岭山—樟木头、长安—沙井等断面通过特征明显,其他断面呈现出组团式的出行特点。

4. 港口集装箱公路集疏运情况

集卡公路集疏运是广深港通道公路货运量中重要的组成部分,但缺少准确的统计和监测方法。探索利用 LBS 数据识别并跟踪广州、深圳、东莞区域内的集卡公路集疏远行驶轨迹(图 6-17),为通道货运分析及方案优化提供支撑。

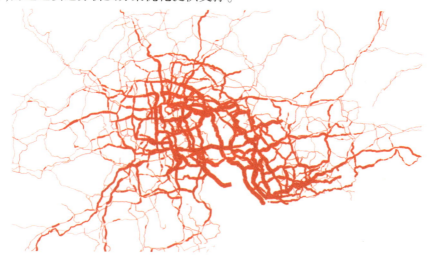

图 6-17　广州、深圳(西部)、东莞各港区集卡公路集疏运流量分布

对广深港沿线各港集卡车辆公路运行轨迹进行识别,结果表明,三港通过公路集疏运的集装箱货源地主要集中在以下四市:广州30%、深圳17%、东莞15%、佛山15%,四市占比占到全部集装箱货源近80%。其中,深圳(西部港区)箱源地主要分布在深圳本市(33%)、东莞(21%)、广州(12%)和佛山(11%);广州港集装箱箱源地主要分布在广州本市(48%)、佛山(21%);东莞虎门港箱源地主要分布在东莞(39%)、广州(26%)和深圳(12%)。

从区域路网来看,三港集卡运输主要集中在绕城公路、沿江高速公路、跨江通道,以及靠近集装箱码头的集疏港公路。

第二节 广深港通道与经济社会及国土空间耦合关系

探索通道客货运输生成机理,系统梳理研究区域铁路、公路等运输量、交通量以及通道断面出行量,研究交通特征与经济社会及国土空间的关系。

一、交通量与经济社会关系

分析广州、深圳、东莞三市的高速公路各类型交通量与生产总值,第一、二、三产业,常住人口,人均生产总值等指标的相关性。总体来看高速公路当量交通量与生产总值、常住人口高度正相关(图6-18),相关性超过0.9。广州、深圳、东莞三市铁路发送量与常住人口和生产总值呈现高度的相关性,广州、深圳铁路发送量与人口、生产总值相关性超过0.95,东莞铁路发送量与生产总值相关性达到0.94。

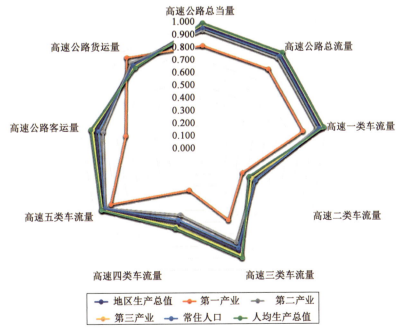

图6-18 高速公路交通与穗莞深三市经济社会指标相关性分析

二、交通小区出行量与经济社会及国土空间关系

1. 小区发生吸引与经济人口用地属性关联分析

基于联通手机信令数据和 LBS 数据提取各交通小区现状的发生量及吸引量,分析与经济、人口、用地的相关性。选取指标包括:常住人口,城市建设用地,村庄建设用地,城乡建设用地,镇街面积开发强度,镇区面积,生产总值,第一、二、三产业产值,实际利用外资总额,社会消费品零售额等 12 个指标,均采用 2019 年数据。

可以看出,各属性与交通发生量、吸引量的相关性分析结果较为相近;交通发生量、交通吸引量在本分析中无显著差别;与交通发生量、交通吸引量相关性较高的指标包括常住人口、生产总值、第三产业生产总值、社会消费品零售额,上述四个指标与交通发生量/吸引量的相关性 R^2 大于 0.8,其中与常住人口的相关性 R^2 达到 0.98;第二产业生产总值、城乡建设用地、城市建设用地与交通发生量/吸引量的相关性 R^2 大于 0.7。

2. 小区发生吸引与用地类型关联分析

采用 2017 年交通小区内的各类用地规模,包括工业物流、公共服务、交通运输、绿地广场、商业商务、住宅用地等类型,与交通发生吸引采用最小二乘法(Ordinary Least Squares,OLS)建模,得到模型置信性。结果显示,工业物流、交通运输、住宅用地与交通发生吸引关系最为显著,公共服务也相对显著。选取工业物流、公共服务、交通运输、住宅用地构建预测模型,经验证,该模型 R^2 约 0.85,置信性良好。

第三节 广深港通道运输需求预测

一、基于四阶段法的区域出行预测

1. 交通生成

基于联通手机信令数据提取各交通小区现状的发生量及吸引量,并结合交通小区社会经济属性数据进行相关性分析。从多元线性回归的结果看,小区人口、工业物流、交通运输及城市建设用地对交通小区发生量的影响最为显著,进一步对模型进行优化,形成理想的多元线性回归模型。优化后的模型保留了小区人口、工业物流、交通运输用地、城市建设用地、村庄建设用地五种主要影响因素,五个因素均通过了显著性检验。通过优化后的多元线性回归模型对交通小区的发生量进行拟合,并与实际发生量进行比对,如图 6-19 所示。实际发生量和拟合结果在大多数情况下很贴近,进一步说明优化后的模型在交通生成预测中的准确性和合理性。

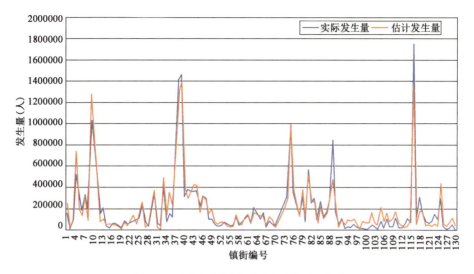

图 6-19 实际发生量与拟合发生量的对比结果

同理,基于上述五种影响因素,构建反映交通小区吸引量的多元线性回归模型,形成各交通小区拟合后的发生量和吸引量分布情况。在得到发生量和吸引量的回归模型之后,可根据未来年的人口、用地规模预测未来年交通小区的总体发生量和吸引量。

2. 交通分布

基于联通手机信令数据提取 2017 年和 2019 年各交通小区之间的 OD 交通量分布情况,发现研究区域居民出行结构没有显著变化,因此可采用增长系数法进行交通分布预测,根据现状出行分布和各交通区出行发生、吸引增长系数推算未来年的出行分布。

3. 方式划分

采用联通手机信令数据根据速度差提取现状分方式 OD 交通量,包括公路 OD 交通量和铁路 OD 交通量。由于不是所有汽车都通过高速公路完成出行,假设铁路 OD 量准确,在 OD 出行总量(人)中剔除铁路,倒推高速公路 OD 出行量,并根据两种出行方式的 OD 量标定方式划分的模型参数。

采用 Logit 模型进行方式划分预测,具体模型见式(6-3) ~ 式(6-5):

$$p_{ij}^{A} = \frac{e^{V_{ij}^{A}}}{e^{V_{ij}^{A}} + e^{V_{ij}^{T}}}, p_{ij}^{T} = \frac{e^{V_{ij}^{T}}}{e^{V_{ij}^{A}} + e^{V_{ij}^{T}}} \tag{6-3}$$

$$V_{ij}^{A} = \alpha t_{ij}^{A} + \beta c_{ij}^{A} + \gamma \tag{6-4}$$

$$V_{ij}^{T} = \alpha t_{ij}^{T} + \beta c_{ij}^{T} \tag{6-5}$$

式中:p_{ij}^{A}、p_{ij}^{T}——汽车出行和铁路出行的划分率;

t_{ij}^{A}、t_{ij}^{T}——汽车出行和铁路出行的行驶时间,t_{ij}^{T} 包含站点候车时间和车内行程时间;

c_{ij}^{A}、c_{ij}^{T}——汽车出行和铁路出行的费用,c_{ij}^{A} 包含燃油消耗费用和过路费,根据铁路出行每公里平均票价推算;

α、β、γ——标定系数。

式(6-3)~式(6-5)可进行如下变换:

$$\ln \frac{p_{ij}^{A}}{p_{ij}^{T}} = \ln \frac{e^{V_{ij}^{A}}}{e^{V_{ij}^{T}}} = V_{ij}^{A} - V_{ij}^{T} = \alpha(t_{ij}^{A} - t_{ij}^{T}) + \beta(c_{ij}^{A} - c_{ij}^{T}) + \gamma \qquad (6-6)$$

变换后可得到各交通小区间两种交通方式的出行时间差、出行成本差和出行比例之间的关系,结合上述 OD 数据与综合交通网络数据,通过回归分析对 Logit 模型的参数 α、β、γ 进行标定,可得到符合研究区域特征的 Logit 方式划分模型。结合交通分布步骤中预测的总体 OD 出行量,可对未来年不同出行方式的比例进行预测。

4. 交通分配

采用静态用户均衡分配方法,基于现状交通出行总体 OD 分布量和标定好的 Logit 方式划分模型,推算机动车出行 OD 交通量和铁路出行 OD 交通量,并对两种交通方式的 OD 矩阵进行交通分配。

结合高速公路卡口数据及高速公路断面流量数据对综合交通网络模型进行技术修正,修正内容包括小区型心连杆与道路网络的连接位置、各路段的通行能力、设计速度、BPR 函数(美国联邦公路局开发的道路阻抗函数)参数等,从而使交通分配结果更加准确。预测结果如图 6-20、图 6-21 所示。

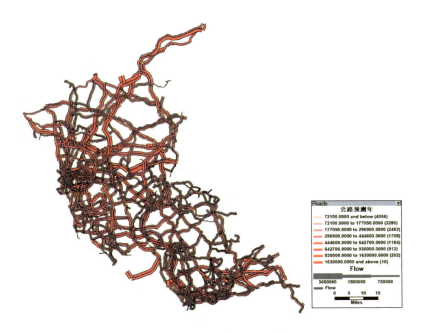

图 6-20　2035 年公路客流量预测

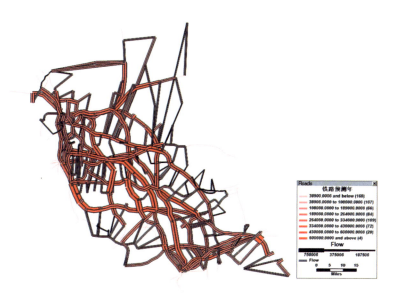

图 6-21　2035 年铁路客流量预测

二、基于断面的通道内走廊需求预测

1. 断面流量 OD 溯源

（1）分析各 OD 点对指定断面的影响强度。采用手机信令轨迹数据，溯源经过某指定断面的出行所对应的 OD 小区。记所有经过断面 m 的 n 个 OD 为集合 G^m，测算各 OD 点对在经过指定断面的出行量中所占比例并记此比例为权重 q，该权重 q 表征了各 OD 点对指定断面的影响强度。

（2）分析各交通小区对指定断面的影响强度。交通小区 i 对指定断面 m 的影响权重系数 λ_i^m 测算如下：记所有自交通小区 i 出发，经过断面 m 的 n 个 OD 为集合 G^m；记所有去往交通小区 i，经过断面 m 的 n' 个 OD 为集合 G'^m；交通小区 i 的权重系数为交通小区 i 通过该断面的出行量/通过该断面的总出行量。则有：

$$\lambda_i^m = \frac{g_i^m + g_i^{'m}}{\sum G^m + \sum G^{'m}} \tag{6-7}$$

2. 基于用地的断面出行预测

记小区 i 与基础年相比，规划年交通出行发生/吸引增长倍数为 ω_i。由于发生/吸引的基本均衡，将 w_i 简化为采用同一增长倍数。则对指定断面 m，其规划年的交通需求增长倍数 ρ_m 可计算如下：

$$\rho_m = \sum \lambda_i^m \omega_i \tag{6-8}$$

则可得到各断面规划年交通出行需求增长情况。在 57 个断面中，2017 年至 2035 年增长 1～3 倍的约 41 个；增长 3～6 倍的约 11 个，增长大于 6 倍的约 5 个。

3. 基于断面的通道内走廊出行预测

将各断面按照其所在的走廊区段进行集计,对各区段内的断面规划年/基础年交通需求增长系数求取算数平均,作为走廊区段的规划年/基础年交通需求增长系数。增长较快的主要为纵一南沙走廊的珠江西岸区域,过江通道,纵二沿江走廊、纵四莞中走廊、纵五莞东走廊广莞交界区域,横一穗惠走廊。

4. 横向走廊过境交通的便利性预测

广深港通道实现穗莞深港南北向交通的同时,承担着较大规模的东西向过境交通功能,伴随深中通道等跨珠江线路的打通,横向走廊的出行规模和功能结构将发生较大的调整。为更好地把握规划年横向过境交通需求的分布特点,构建区域拓扑网络进行辅助分析。

在"五纵四横"走廊26个点外,设置27、28、29、30作为外部节点,其拓扑结构见图6-22。统计外部节点间的通过交通所使用的路径,即27→29、27→30、28→29、28→30、29→27、29→28、30→27、30→28(共8组起讫点),按照优先选择距离最短路径,统计上述8组起讫点在出行者均匀使用前5最短路径时各通道区间的使用频次(如图6-22红色数字所示)。

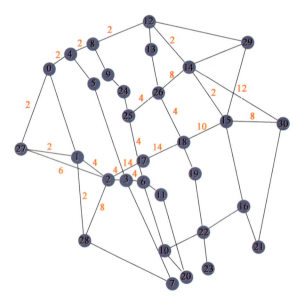

图6-22 基础年走廊横向过境交通便利性示意图
注:红色数字越大表示走廊区段使用频次越高、便利性越高。

考虑未来年通道的建设项目如深中通道等,在"五纵四横"走廊中,增加30和27、28和10之间的连通,并相应增加节点,如图6-23所示。统计外部节点间的通过交通所使用的路径,即27→30、27→31、28→30、28→31、30→27、30→28、31→27、31→28(共8组起讫点),按照优先选择距离最短路径,统计上述8组起讫点在出行者均匀使用前5最短路径时各通道区间的使用频次。

与基础年比较,可知规划年总交通量在走廊中的分布,横三莞南走廊压力向横二穗莞走廊、横四深北走廊转移趋势明显,尤其是横三莞南走廊的通过压力将显著降低,纵四莞中走廊的交通量在各区段的分布更为均衡。

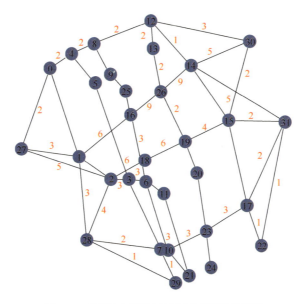

图 6-23　规划年走廊横向过境交通便利性示意图
注：红色数字越大表示走廊区段使用频次越高、便利性越高。

5. 考虑外部需求的通道内走廊需求预测

上述通道需求预测仅考虑了研究范围三市以内的需求增长影响。对来自/前往研究范围三市以外的需求增长，采用全国范围内的运输需求以及生产总值增长速度作为基准。

根据全国客货运量、经济指标预测情况，考虑三市集聚作用明显强于全国平均水平，粗略估算来自/前往三市以外，2035 年的运输需求约是 2017 年的 2 倍。

考虑三市的空间尺度特点，可做如下设定：对于纵向走廊，出行距离超过 160 公里的，属于通过性需求；对于横向走廊，出行距离超过 60 公里，属于通过性需求。统计所有纵向走廊断面出行中，出行距离大于 160 公里的出行次数占比，以走廊为单位取平均值；统计所有横向通道断面出行中，出行距离大于 60 公里的出行次数占比，以走廊为单位取平均值。

考虑外部需求后，从通道内走廊 2017 年至 2035 年需求增长情况看，对于纵向走廊，由于来自/前往外部交通小区的交通出行占比平均在 5% 左右，对整体增长系数影响不显著；对于横向走廊，由于来自/前往外部交通小区的交通出行占比平均在 42% 左右，对整体增长系数的影响相对显著。

第四节　广深港通道规划目标

一、战略定位

广深港通道规划目标为：打造快速便捷、一体协同、绿色智慧的世界一流交通运输系统，建成粤港澳大湾区的核心主轴,畅达全省的交通中枢,面向"一带一路"倡议的战略连接,交通与产业国土空间深度融合的先进典范。

1. 服务国家战略

服务粤港澳大湾区协同发展、"一带一路"倡议、交通强国等重大战略,以《国家综合立体交通网规划纲要》《广东省综合立体交通网规划纲要》为指引,连通粤港澳大湾区世界级综合交通枢纽集群,打造辐射国内外的交通主轴,构建快速高效的客货集散转运网络。

2. 带动区域发展

快速便捷连通主要科创平台、产业园区,营造适宜战略性新兴产业人群工作生活的出行环境,带动广深港科创走廊建设。完善城际一体化交通运输网络,构建公共交通主导的交通走廊体系和多节点多方式有序集散的物流配送体系,促进广州、深圳两大都市圈协同发展,支撑带动"双区"建设。

3. 提升竞争能力

发展串联广州、东莞、深圳城市组团、镇街的快速化多样化出行系统,连通主要港口、机场和园区的高效率多方式物流系统,进一步增强广州、深圳国际性综合交通枢纽功能,提升东莞辐射能力。发展智慧交通等新技术新业态新模式,增强既有设施效能,引领新型交通方式,提升交通运输全球竞争力。

4. 打造品质交通

优化设施布局和运输组织,构建门到门出行链和全程物流链,满足高品质生活需求。促进方式间、城际交通协同,形成绿色低碳交通运输方式,发展智慧交通,提升整体的效率效益,增强交通运输系统安全韧性。促进交通与产业、国土空间深度融合,形成供需匹配、资源节约、生态适宜的综合运输通道。

二、规划目标

到 2025 年,建成适度超前、功能完善、品质一流、运行高效、立体集约的现代化交通运输系统,建成我国综合运输通道高质量发展标杆。

(1)建成以轨道交通、高快速路为主的"五纵四横"九轴廊道体系,快速连通机场、港区、高铁站,创新平台和产业园区实现 10 分钟上高快速路、30 分钟上高铁、40 分钟到机场,主要交通枢纽至周边城市(含香港)中心城区 60 分钟可达。

(2)与沿线人口出行需求相匹配,形成以快速便捷公共交通为主导的客运系统,广州、深圳、东莞三市中心城区❶之间轨道交通 30 分钟直达,轨道 15 分钟慢行交通覆盖 35% 以上人口、80% 以上创新平台,机场实现城际铁路连通、缩短两端接驳时间,通道内绿色出行分担率超

---

❶ 测算范围为,广州中心城区 11 个:荔湾区、越秀区、海珠区、天河区、白云区、黄埔区、番禺区、花都区、南沙区、增城区、从化区;深圳中心城区 11 个:福田区、罗湖区、南山区、宝安区、光明区、龙华区、龙岗区、盐田区、坪山区、大鹏新区、深汕特别合作区;东莞中心城区 4 个:南城区、东城区、万江区、莞城区。

过 80%。

（3）形成多条货运功能突出的物流廊道，串联港口机场和铁路货场、物流节点、产业园区等节点，形成多路径集疏运线路，重点港区铁路水路转运比例进一步提升。

（4）实现多方式线路共用廊道，新建路段必要时采用高架敷设，尽量减少平行线路间破碎地块，新建线路土地资源利用效率明显提升。交通基础设施数字化覆盖率达40%，率先在松山湖至光明新城、宝安至滨海湾新区、黄埔至水乡功能区建成多条智慧公路、绿色公路，建成穗深城际、深莞增城际等示范线路智慧铁路。

到2035年，全面建成广深港通道现代化交通运输系统，通行速度、服务能力、低碳环保、智慧运行水平位居世界前列，实现交通运输供需高水平动态平衡，交通与产业城市深度融合。

（5）形成以枢纽站点为核心、公共交通为主导的多圈层多廊道体系，形成一批融合生活功能、增强公众体验的枢纽综合体，提供全球最具吸引力的高品质生产生活空间。

（6）跨市通勤时间普遍低于60分钟，创新平台15分钟上高铁、20分钟到机场，轨道15分钟慢行交通覆盖60%以上人口，主要交通枢纽至周边城市中心城区45分钟可达，建成至长三角、京津冀的高速磁悬浮，通道内绿色出行分担率达到85%。

（7）形成多节点多方式有序集散的物流配送体系，港口集疏运公路服务水平不低于三级，铁路水运占港口集装箱集疏运比例达到40%以上。

（8）过境货流与城市交通分离、快速交通与慢行交通分离，自动驾驶、车路协同等技术广泛应用，通道主干网络交通要素全面感知、运输服务智能便捷、技术应用高效融合、交通运行智能安全的数字交通体系全面建成，依靠智慧手段提升通道效能20%以上，实现公路、铁路全网智慧化绿色化。

广深港通道发展主要指标见表6-4。

广深港通道发展主要指标表 表6-4

一级指标	二级指标	2020年	2025年	2035年
协同快速	1.跨市中心城区间平均通行时间（分钟）	90	80	60
	2.单程跨市通勤时间低于60分钟人口的比例（%）	81	85	95
	3.主要创新平台到达最近高铁站、机场的时间不超过（分钟）	50	45	30
	4.轨道站点慢行交通15分钟覆盖人口比例（%）	30	35	50
	5.单位里程承担客货周转量提高比例（%）	—	15	35
	6.通道绿色出行分担率（%）	79	81	85
绿色集约	7.铁路水运在港口集装箱集疏运中占比（%）	28.3	30	40
	8.新建线路土地资源利用效率提高比例（%）	—	60	80
	9.铁路、高速公路单位货物/旅客周转量碳排放强度降低率（%）	—	15	20
智慧先进	10.重点交通基础设施的数字化率（%）	—	40	90

注：重点交通基础设施的数字化率是指，广深港通道内的高速公路、城际铁路采用高精度GIS+BIM进行数字化资产管理的里程占总里程的比例。

第五节 广深港通道规划方案评价及优化

根据《广东省综合立体交通网规划纲要》《广东省综合交通运输体系"十四五"发展规划》以及广州、深圳、东莞三市综合交通中长期规划和五年规划,形成广深港通道内规划线路库,从供需匹配、国土空间适宜性、系统最优三个维度对规划方案进行评价,并提出优化建议。

一、供需匹配分析

根据既有规划方案,分析目标年广深港通道总供给能力和各方式、各线路供给能力(客货运输量、公路交通量),基于通道交通需求预测结果,评价广深港通道既有规划主要交通线路的交通供给能力、结构与未来交通需求的适应性,其中考虑不同阶段智能化升级、新技术应用等情况,对供给能力进行适当调整。

对广深港通道的供需匹配分析结果显示,在通道综合能力利用率方面,纵二、纵三走廊保持较高拥挤状态,纵四走廊快速系统存在拥挤度快速提升的可能,横向走廊拥挤度不均衡,南侧过江通道能力总体紧张。其中,高速公路主要拥堵路线包括广深高速、广深沿江高速及莞深高速南段。

以纵一走廊为例简述分析过程。纵一走廊现状客货运输规模大,能力整体紧张(平均能力利用率超过90%),跨珠江段能力瓶颈突出,呈现出双都市圈交通+过江交通+疏港交通叠加的特点,靠近广州、深圳城区段通勤比例较大。根据交通需求预测,到2035年纵一走廊客货运输需求将达到目前的1.76~3.65倍,其中北、中段(海珠—虎门)的客货需求增长将高于南段(虎门—宝安),高速公路通行需求将达到目前的1.37~2.66倍,约是14.5~56.1万pcu/日。纵一走廊现状骨干交通线路主要是贯通全线的广深港高铁以及由S4华南快速路、S73南沙港快速路、G4W/G0425广澳高速公路、虎门大桥、南沙大桥、龙大高速公路等线路组成的高速公路,其中广州至南沙段已建成多条高快速路,规划项目主要包括广州东部高速公路、虎门大桥扩容工程,从供需匹配结果看,总体上能够满足未来交通需求。此外,广州市还规划有连通广州中心城区和南沙区的城市快速轨道18号线和22号线,可有效分流中心城区与南沙区之间的中短途组团交通需求,缓解纵一走廊骨干线路交通压力。

二、国土空间利用适宜性评价

针对规划项目库,评价规划特征年通道基础设施资源配置与沿线国土空间利用的适应性。

1. 生态保护重要性评价

基于陆域生态保护重要性、海域生态保护重要性评价结果,取生态系统服务功能重要性和生态敏感性评价结果的较高等级作为生态保护重要性等级的初判结果,划分为极重要、重要、一般重要3个等级。广州、深圳、东莞三市沿线生态保护重要性评价多处于生态保护一般重要区范围内。广州北部、东莞东侧及深圳东侧涉及少量生态保护极重要区。

2. 城镇建设适宜性评价

基于建设功能导向的承载能力,以城镇建设适宜性评价结果为主要分析对象,主要划分为适宜、一般适宜和不适宜3级。广州、深圳、东莞三市沿线城市的空间承载力基本处于城镇建设适宜区内,少量一般适宜区分布在广州中部地区。

3. 通道与三区三线协调分析

通过 GIS 空间分析,根据国土空间规划"三区三线"划定情况,对规划通道与沿线空间建设适宜性协调关系进行评估,如图6-24所示。通过叠加规划通道与"三区三线",综合判断通道与"三区三线"划定的协调程度。其中位于城镇开发边界内的通道比例越高,则通道与"三区三线"协调程度越高;位于永久基本农田和生态保护红线外的通道比例越高,则通道与"三区三线"协调程度越高;位于城镇开发边界外以及位于永久基本农田和生态保护红线内的通道比例越高,则通道与"三区三线"协调程度越低。

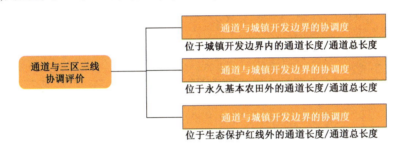

图6-24 通道与三区三线协调评估流程示意图

1)公路与"三区三线"协调分析

根据"三区三线"叠加分析结果(表6-5),规划公路网络总里程约9631.24公里。其中城镇开发边界内的公路长度6692.3公里,占预测年公路网规划总长度的69.5%;位于永久基本农田和生态保护红线外的通道比例为97.52%,覆盖了深圳前海、深圳空港地区、东莞滨海湾新区、广州大学城等沿线重点功能节点和通勤廊道,与通道功能定位和沿线重点片区发展契合度较好。2035年通道内规划公路涉及生态保护红线197.4公里,占公路网规划总长度的2.0%;涉及永久基本农田41.6公里,占公路网规划总长度的0.43%,主要分布于通道东侧局部路段,既有规划公路线位与生态保护红线、永久基本农田需进一步协调。

2035年通道内公路线网与"三区三线"叠加分析结果　　　表6-5

设施类型	2035年线路长度(米)	开发边界内长度(米)		涉及生态保护红线长度(米)		涉及永久基本农田长度(米)	
		长度	占比	长度	占比	长度	占比
高速公路	5120326	3139904	61.32%	168094	3.28%	39834	0.78%
骨架道路	4510913	3552379	78.75%	29306	0.65%	1803	0.04%
合计	9631239	6692283	69.49%	197400	2.05%	41637	0.43%

注:骨架道路指城市快速路和主干路。

2) 轨道与"三区三线"协调分析

根据"三区三线"叠加分析结果（表6-6），2035年规划轨道网络总里程约2598公里。其中城镇开发边界内的轨道1144.3公里，占轨道网规划总长度的44.1%，位于永久基本农田和生态保护红线外的通道比例为90.57%。既有规划城际轨道线路连通了穗莞深三市中心城区，以及深圳空港新城、东莞滨海湾新区等西部沿海地区重要节点和功能片区，覆盖了穗莞深西部主要的通勤走廊。2035年规划轨道线路涉及生态保护红线175.7公里，占轨道网规划总长度的6.76%；涉及永久基本农田72公里，占轨道网规划总长度的2.77%，轨道线路与"三区三线"协调性有待进一步优化。

2035年通道内轨道线网与"三区三线"叠加分析结果 表6-6

设施类型	2035年线路长度（米）	开发边界内长度（米）		涉及生态保护红线长度（米）		涉及永久基本农田长度（米）	
		长度	占比	长度	占比	长度	占比
高速铁路	908175	310520	34.19%	68955	7.59%	19258	2.12%
城际铁路	1318396	795446	60.33%	105110	7.97%	47493	3.60%
普速铁路	371454	38345	10.32%	1616	0.44%	5241	1.41%
合计	2598025	1144311	44.05%	175681	6.76%	71992	2.77%

3) 通道内交通设施与"三区三线"协调建议

根据"三区三线"叠加分析，2035年通道内线性基础设施涉及永久基本农田113.63公里、涉及生态保护红线373.08公里，分别占总长度的0.93%、3.05%，包括广深第二高铁、中南虎城际铁路、深莞增城际铁路、大鹏支线铁路等项目。通道内既有规划的路线线位和规模与生态保护红线的关系有待进一步加强并考虑生态环境的约束。

为促进广深港通道内交通设施与国土空间协调，建议新建交通设施项目在可研阶段加强与国土空间规划体系衔接，尤其是与"三区三线"的符合性摸查。及时优化重大线路布局方案，强化铁路、高速公路等重大交通基础设施与城镇功能布局及"三线"等底线要素的协调衔接，对规划交通线性廊道及站点布局提出优化建议，为各类交通设施和廊道预留规划条件。交通设施规划编制工作应充分论证国土空间资源需求，参照战略留白区、有条件建设区的空间管控规则，明确预留各类设施廊道及场站土地的空间管控措施，结合区域及城市发展实际情况适当预留规划弹性。同时，加强与各类交通系统之间联动，集约立体布局、共用线位资源、节约集约用地，打造复合高效的综合运输通道，强化通道中主要服务中心、重大交通枢纽以及重要产业平台和片区联动。

三、基于"三位一体"系统最优化理论的方案优化与评估

1. 基本思路

推进广深港通道规划建设是一项系统工程，需要兼顾平衡多方面的发展目标。从经济角度看，要求通道系统效率最大化，用最小的经济投入来保障国民经济运行。从民生角度看，要求通道服务水平最大化，能够提供便捷、高效、经济的运输服务。从生态文明角度看，要求通道

资源利用水平最大化,合理控制好建设运行的环境消耗和用地资源消耗。

在国土空间开发保护新形势下,通道建设面临着更大的资金、资源、环境等要素约束,需要更为合理的统筹协调好系统效率、服务水平、资源利用水平三者间的关系,既要做到"三位一体",将系统效率、服务水平、资源利用水平三者均作为规划建设的重要目标,任何一者不可偏废;又要做到"一体最优",系统效率、服务水平、资源利用水平的整体优化,避免过度追求单一方面的发展;还要做到"动态平衡",遵循不同发展阶段的经济社会发展要求、现代化综合交通体系建设需求,动态调整不同阶段系统效率、服务水平、资源利用水平的发展侧重。

基于系统效率、服务水平、资源利用水平"三位一体"系统最优化理论对广深港通道进行评估,以系统效率最大化、服务水平最大化和资源利用水平最大化的多目标优化代替传统的单目标优化,用于得到"三位一体"最优状态下的均衡解集,为最终规划方案的比选和制定提供支撑。

2. 规划方案评估与优化

以广深港通道远景年规划方案为基础,根据不同备选新建和改建线路组合,结合交通分配模型确定客货运流量流向,在此基础上计算系统效率、服务水平和资源利用函数,通过算法对备选新建和改建线路组合进行优化迭代,形成最优的规划方案。

基于广深港通道研究范围,梳理通道内铁路、城际铁路、干线公路的现状网络和规划备选线路,共计62个项目、154段,其中城际铁路项目19个、高速铁路项目12个、高速公路项目28个、普速铁路项目3个。以通道内既有铁路、城际铁路、干线公路为基础,在建、近期、中远期规划备选线路为研究对象,基于需求分析预测,结合"三位一体"系统最优化理论对通道内线路配置方案进行优化。

1) 网络构建及决策变量确定

如前所示,研究区域划分为130个镇街级交通小区,选取小区型心点、交通枢纽以及铁路、城际铁路、干线公路既有和规划线路作为节点和弧段,构建规划年综合交通拓扑网络 $G(N, A)$。镇街级细度的小区划分与需求分析中的小区划分方式保持一致,一是能够更准确地反映交通需求分布情况,二是需求分析中预测的未来年OD矩阵可直接作为"三位一体"系统最优化模型的输入数据。

对在建、近期、中远期规划线路进行合并,梳理备选线路并进行编号排序,确定备选线路 $G^1 = \{G_m | m \in M\}$ 与决策变量 $X = \{X_m | m \in M\}$ 的对应关系,并完善每条既有线路和备选线路的基本属性,包括每条线路的起点、终点、里程、类型、设计时速、通行能力、单位建设成本、出行成本、单位用地成本。

2) 算法求解过程

采用C++语言实现"三位一体"系统最优模型求解算法,通过多线程(multi-thread)技术实现多方案交通分配并行计算以提升算法整体效率。

启发式算法共迭代3000次,每次迭代通过100个原始方案演化出100个新的规划方案,并在原始方案和新方案中优选100个方案进入下一次迭代。因此,整个算法过程中产生的优选方案共计300000个,这些方案在系统效率、服务水平及资源消耗目标空间中的分布如图6-25所示。

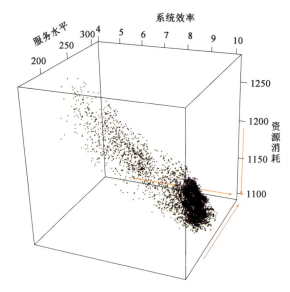

图 6-25　综合运输通道既有、备选线路属性表示意图

可以看出,算法能够有效驱动规划方案向着系统效率最大化、服务水平最大化、资源消耗最小化的方向进行演化,最终形成三维目标空间中的帕累托前沿曲面,该前沿共包含 195 个帕累托最优解,每个解对应一个"三位一体"系统最优的规划方案。

3）优化结果分析

图 6-26 展示了 195 个帕累托最优解在系统效率、服务水平、资源消耗三个规划目标上的变化率。可以看出,这些最优解在三个规划目标上呈现出了对立统一的关系,无法同时得到改进。消耗更多资源新建备选线能够提高综合交通网整体的服务水平,但也会降低系统效率。即便在相同的资源消耗水平下,也存在更偏向系统效率或更偏向服务水平的不同方案。

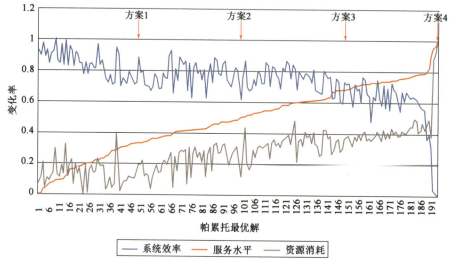

图 6-26　帕累托最优解三个规划目标的变化率

根据帕累托最优解规划目标的变化情况,按等间距选取4个方案(第50个、第100个、第150个、第195个)进一步分析。方案1至方案4拟新建线路数量不断增加,方案4包含了多条新建城际铁路及一条新建高铁,这导致该方案的服务水平得到显著提升,但也消耗了大量资源并且系统整体效率明显下降。从投入产出的角度分析,在当前规划年出行需求和出行结构下,方案4投入建设带来的边际效益并不是最高的,但在基础设施建设适当超前的发展导向下,方案4在支撑通道内高品质工程建设和经济社会可持续发展方面更具优势。值得注意的是,上述方案均为不同资源消耗水平下的最佳方案,因此,可参考方案1至方案4制定各备选线路的建设时序,以提升不同建设周期内综合交通网的整体效能。

汇总195个帕累托最优解中各备选线路对应决策变量为"1"(即肯定)时的出现次数,出现次数在20次以上的高频拟新建线路总计36个,其中高速公路17条,城际铁路19条。各线路具体信息如表6-7、6-8所示。可以看出,高频线路中主要为在建项目,在建项目占比近80%。非在建的高频项目包括:广州东部高速公路、莲花山通道及东西连接线、佛山经广州至东莞城际铁路、常平至龙华城际铁路、深珠城际铁路(伶仃洋通道)等。

高频线路信息表(高速公路)　　表6-7

序号	类型	名称	状态
1	高速公路	深中通道	在建
2	高速公路	沈阳至海口高速公路荷坳至深圳机场段改扩建工程	在建
3	高速公路	广龙高速公路[东莞至番禺高速公路桥头至沙田段三期工程(莞深至从莞段)]	在建
4	高速公路	京港澳高速公路广州火村至东莞长安段(广深)	在建
5	高速公路	珠三角环线高速公路东莞至深圳段及龙林支线改扩建工程	在建
6	高速公路	广州东部高速公路	近期
7	高速公路	狮子洋通道	在建
8	高速公路	莲花山通道及东西连接线	近期
9	高速公路	广澳高速公路南沙至珠海段改扩建工程	在建
10	高速公路	沈海高速公路火村至龙山段改扩建工程	在建
11	高速公路	京港澳高速公路清远佛冈至广州太和段改扩建工程	在建
12	高速公路	广佛高速公路广州黄村至火村段改扩建工程	在建
13	高速公路	惠肇高速公路惠城至增城段	在建
14	高速公路	惠盐高速公路深圳段改扩建工程	在建
15	高速公路	中山至南沙高速公路	在建
16	高速公路	广州新白云国际机场第二高速公路南段工程	在建
17	高速公路	从埔高速公路	在建

高频线路信息表(高速铁路、含城际)　　表6-8

序号	类型	名称	状态
1	高速铁路	佛莞城际	在建
2	高速铁路	广佛东环线	在建
3	高速铁路	广佛西环线	在建

续上表

序号	类型	名称	状态
4	高速铁路	琶洲支线	在建
5	高速铁路	广州至广州南联络线	在建
6	高速铁路	佛山经广州至东莞城际	近期
7	高速铁路	深大城际	在建
8	高速铁路	广州东至天贵	在建
9	高速铁路	芳村至白云机场T3铁路	在建
10	高速铁路	广清城际广州北至广州	在建
11	高速铁路	南沙至珠海中山城际	在建
12	高速铁路	常平至龙华城际	近期
13	高速铁路	深珠城际(伶仃洋通道)	远期
14	高速铁路	深惠城际	近期
15	高速铁路	深圳至汕尾高铁	在建
16	高速铁路	广州至珠海(澳门)高铁广州	近期
17	高速铁路	广清永高铁	近期
18	高速铁路	广宁联络线	远期
19	高速铁路	深港西部通道	远期

4)优化方案评估

通过对195组较优组合的信息提取,对通道内所有项目建设的相关性、经济带动、运输服务、资源占用等方面进行评价和排序。

项目相关性较高的有:广龙高速公路与增佛高速公路增城至天河段、芳村至白云机场T3铁路与佛莞城际,建议同步开展这类相关性较高、具备组合优势的项目。

对通道系统效率提升较高的项目包括:广佛西环线高速铁路、广州东至天贵城际铁路、佛山经广州至东莞城际铁路等。对通道服务水平提升效率更高的项目包括:广佛西环线高速铁路、狮子洋通道、广州东至天贵城际铁路、佛山经广州至东莞城际铁路。对于资源占用强度较高的为芳村至白云机场T3城际铁路。

四、广深港通道高质量发展对策

1. 总体思路

以《国家综合立体交通网规划纲要》对综合运输通道提出的优化布局、统筹融合、绿色智慧、安全治理等方面的系统要求为指引,坚持适度超前、功能完善、品质一流、运行高效、立体集约,优化广深港通道线路配置,有序安排项目建设时序,多手段综合提升通道效能,加快构建布局合理、能力充分、结构优化、衔接顺畅的现代化交通基础设施体系,加快形成智慧驱动、协同运营、综合开发、创新治理的综合运输通道高质量发展路径。

2. 主要对策

(1)优化通道线路设施。高速公路方面,既有规划基本没有新增南北向路线,建议未来考虑高速拓宽+智能化改造+轨道分流,对广深高速公路、莞深高速公路进行改扩建;结合具体路段需求预测,高强度路段采用立体复合建设模式。高铁、城际铁路方面,建议重点推进广深第二高铁、研究广深高速磁悬浮;研究推进相邻城市轨道衔接;研究推进市域(郊)铁路对接,其中轨道快线承担城际功能考虑高速地铁(时速160公里,如广州22号线、28号线等)以及快速地铁(时速100~140公里,如广州25号线等),其他线路考虑用于分担沿线都市圈短途交通,缓解城际干线压力;推进相邻城市主干道路对接。

(2)提升通道综合效能。布局新一代交通基础设施,规划建设智慧公路、智能铁路及城市智能交通基础设施,加快新型轨道交通基础设施布局应用,推进交通运输数据中心和信息平台等基础设施建设,做好交通工具电动化、自动化的配套设施保障。打造高品质运输服务体系,创新服务美好出行的客运模式,培育服务品质生活的货运物流业态,整合信息资源、提高旅客联程联运和货物多式联运效率,积极推动共享交通发展。提高通道智能化管控水平,依托智能技术推动交通治理体系从条块管理向综合化体系转变,构建大数据驱动的通道综合交通运输一体化管控体系。打造通道沿线产业体系,推动交通运输与装备制造、通信信息、新能源等战略性新兴产业联动发展,打造城市交通产业廊道,推进关键货运廊道建设,促进客货分离。推动法律法规和政策标准创新,加强无人驾驶、车路协同技术应用的政策引导和标准制定,解决共享汽车面临的法律困境及其规范策略,探索智慧高速公路建设的技术标准,研究综合运输通道复合利用的工作要求和技术标准。

(3)推动建立协同机制。探索建立广深港通道发展三市交通运输协同机制,研究设立三市交通运输一体化协调机构和常态化协调机制,承担通道交通运输统筹协调职能,以及与自然资源部、发展改革委等部门的协调职能。构建一体化的跨市公交服务合作机制。加强跨市的高快速路、轨道规划编制和设计标准、建设时序的衔接协同,形成跨市的高快速路、轨道协同规划建设模式,签订三市合作协议,确定各市分工、投资、建设、运营维护、利益分配、补助等事项,探索组建跨市交通基建投资公司或项目公司,负责设施建设。

(4)促进规划协调管控。加强规划建设衔接,将成熟项目纳入广东省、三市"十四五"综合交通运输规划和专项规划的中期调整,将规划项目纳入三市的国土空间规划。探索开展新改建重大项目的通道综合影响分析评价和可研阶段的综合交通专题研究。加强通道线路和沿线产业的统筹规划衔接,强化通道对广州科学城和中新广州知识城的交通服务作用,加强交通联系,推动"强强联合",支撑其建设具有全球影响力的国家知识中心,打造粤港澳大湾区高水平的战略性科技创新平台。强化通道对深圳会展海洋城—东莞滨海湾新区、松山湖科学城—光明科学城、塘厦—平湖北/坂雪岗—大运新城的联通覆盖,为其打造成为国家现代服务业与头部企业节点、国家综合性科学创新中心节点、湾区制造总部技术转换节点提供交通支撑。

(5)加强用地资金保障。提供精准化差异化的空间资源保障。改革和创新土地供给制度。开通交通基础设施项目绿色通道。强化财政资金引导,争取中央资金支持,加大省市预算内投资对广深港通道建设、养护的支持力度,保障通道内重大项目建设配套资金。拓宽融资渠道。推动交通项目与土地资源一体化开发。